大旗出版
BANNER PUBLISHING

大旗出版
BANNER PUBLISHING

大師的智慧

人間佛語・星雲大師

前言　禪是淡淡下午茶

一個人可以一輩子不讀佛經、不進寺廟、不燒一香、不叩一頭，卻不可能一輩子無憂無慮、無苦無惱，更不可能無所愛戀、無所希冀。

人生本是苦海，充滿誘惑、遍地煩惱。面對如此人生，世人卻偏偏拋不下苦惱、斬不斷情絲、揮不去愁緒、丟不下欲望，於重負之下扶杖前行，步履蹣跚也不肯回頭上岸。

於是，禪者的智慧心語，便成為醒世恆言，於寂寞獨處中綻放奪目的光輝。

禪，是花花世界中的一朵白蓮。開在碧潭，靜悄無聲卻令人心神嚮往；開在鬧市，則在喧鬧中獨具恬淡風光。涵養一顆清淨淡然的心，目光交會之處盡是澄明閒雅的心光，如禪之一瞥，眾生皆得大自在；揮灑一腔自度度人的豪情，佛光交錯間盡是佛光的悲憫與智慧，如禪之一味，於萬般曼妙中盡展箇中風情。

參禪並不一定是為了修佛，擁有一顆真摯的初心，便能在似海的佛法中獲得現代生活為人處世的方法。領悟大師的良言偈語，便能借助禪的智慧開闊心胸、堅定意志、開展思維、調和心神、修煉精神；便能在富時平和、窮時快樂、忙時舒心、閒時放心；能無生煩惱、無懼死生；能得到安定、澈悟、清淨、圓融、澄明——而這些，正是忙亂而疲憊的現代人最需要的東西。

當禪門的無上智慧與禪者的處世心語碰撞在一起，便如春風化雨，滋潤了芸芸眾生的心田。禪深似海，其實早已環繞著我們每一個人，但眾生縱有萬般嚮往卻依舊只望見苦海，且讓我們隨著大師共乘一葉扁舟，引領我們在禪海中觀心自在。

序章　輕叩禪門，觀似海佛法

薪火傳燈，星雲大師的雲水日月

不論是酷暑天柔風清涼的晨間，還是寒冬裡風雪相伴的清晨，每當早課諷誦《楞嚴咒》到「願將身心奉塵剎，是則名為報佛恩」一句時，年紀尚幼的小沙彌都會在心中暗暗發願：「將來，我一定要把全部的身心奉獻於弘法利生上。」

世事蹉跎成白首，六十年甲子輪迴過。當年的小沙彌早已成為受人尊敬的佛學大師。

他就是佛光山的開創者星雲大師，雖然被弟子信徒推崇備至，但法師為人依舊謙和低調。他的每一場演講都吸引了很多人，雖不至夾道歡迎，但眾人虔心求教的場面也蔚為壯觀。

從一個食不果腹、六年間只穿兩身衣服、鞋子破了拿紙墊的小沙彌，成長為屹立在兩千多年悠悠佛教歷史長河中的一座豐碑，他把「人間佛教」的火種撒滿了五洲大地。媒體評論說：「如今的星雲大師，不只屬於佛光山，不只屬於臺灣，已經是全世界、全人類的寶藏。」

星雲大師俗姓李，名國深，法名悟徹，號今覺，一九二七年出生於中華民國江蘇江都，十二歲時在宜興大覺寺出家，隨志開上人修行。

一九四一年，他受具足戒，進入棲霞律學院攻讀。

一九四五年，他進入焦山佛學院就讀，並於一九四七年畢業後返回大覺寺擔任監院，兼任當地白塔小學校長。

一九四八年，他出任南京華藏寺住持，兼為《徐報》主編《霞光副刊》，並任《怒濤》月刊主編。

一九四九年春，星雲大師來到臺灣，初駐錫中壢圓光寺，隨後開始主編《人生》雜誌。

一九五二年，他到宜蘭雷音寺，成立念佛會、弘法會、歌詠隊等組織，奠定了以後弘法事業的基礎。

一九五五年，他前往高雄佛教堂協助完成建設。

一九五七年，在臺北創辦了佛教文化服務處。

一九六二年，他接辦《覺世》旬刊發行人，並在高雄創建壽山寺，設立壽山佛學院。

一九六七年五月十六日，他在高雄大樹鄉麻竹園山地開創佛光山，以弘揚「人間佛教」為宗風，樹立「以文化弘揚佛法，以教育培養人才，以慈善福利社會，以共修淨化人心」的宗旨，開始致力於推動佛教教育、文化、慈善、弘法事業，並融古匯今，手擬規章制度，將佛教帶往現代化的新里程。

從十二歲出家，到如今已是古稀之年，六十年佛門生活讓星雲大師擁有了慈悲的心腸、平和的心態、積極的人生觀。他教化宏廣，有來自世界各地的出家弟子千餘人，信眾更是多達百萬。他一生弘揚佛教，宣導「歡喜與融合、同體與共生、尊重與包容、平等與和平、圓滿與自在」等觀念。

「大徹大悟很難，但每天有一點小小的開悟是可能的，我每天都在努力，要想通一些小小的道理，一生中，就是不斷用心去開悟。」星雲大師這樣說，他從大陸到臺灣，從宜蘭雷音寺到高雄佛光山，他積聚眾人的願力，遍弘佛法於五大洲。當年的一個平凡和尚，如今成就了不凡的事業。

一路走來，荊棘遍地，有快樂亦有痛苦，有喜悅也有憂愁，晴天朗日、雨天滴水，都成為一路走來不曾錯過的美麗風景。他將佛法的真諦一點一滴地向世人普及，他把佛門的慈悲與智慧之光灑向所有世人。星雲大師曾說：「我只想盡一點心力，不妄想，不僭越，只想慢慢把弘法利生的事業做起來，直到現在，也從來沒覺得自己做了很多事情，我只想像爬樓梯一樣，一步步往上爬，而非一步登天。」

然而世事絕無偶然，只有如星雲大師一般，以平和質樸、勤奮不懈、創新改革的精神朝著正確的方向一步一腳印前行，才會征服理想的巔峰。

在滾滾紅塵中拈花微笑

歷史是河流，文化為舟楫，鐫刻著物質的遺產、精神的足跡，從遠古至今，於滾滾紅塵中向前奔流。其中一條支流，發源於印度，悠然流淌了兩千五百多年，曾經澎湃，曾經激昂，曾經低迴，也曾經嗚咽，這便是佛教。

兩千年間，佛教的智慧之光始終照耀著苦海眾生。而星雲大師作為「人間佛教」的倡導者，從艱難開創佛光山、教育僧眾，到廣設全球道場、弘揚人間佛教，他將佛門傳統與現代生活緊密結合起來，釐定儀制，有破有立，將佛法與生活的喜怒哀樂一脈貫通，「給人信心、給人歡喜、給人希望、給人方便」，發菩提心，行菩薩道。

佛教宣導的慈悲心、放下、捨得、包容、上進等觀念，無論何時都不會過時，永遠是我們應該深思並奉行的人生準則，唯有如此，才能在浮躁、瑣碎、焦慮的現代生活中尋得自己的一間靜謐禪房，讓心靈得到寧靜的休憩。

星雲大師曾經闡釋過自己「人間佛教」的理想，他說：「佛教是個智信的宗教，旨在開啟眾生的智慧，以解決眾生的煩惱、痛苦。人間佛教是現實重於玄談、大眾重於個人、社會重於山林、利他重於自利；凡一切有助於增進幸福人生的教法，都是人間佛教。」

隨著生活節奏的加快，越來越多的人喪失了自己的信仰，即使是信佛之人，也往往把佛教當成保險業，廉價地希望佛陀像神明一樣給予我們保佑。而星雲大師宣導的人間佛教，則是希望用佛陀的開示教化作為改善人生的準繩，用佛法來淨化思想，讓佛法作為生活的依據，使眾生過得更有意義、更有價值。

忙碌的現代人，忙於勾心鬥角，忙於精打細算：忙於計算每月的收入與支出，忙於計算別人對自己有多少虧欠，忙於計算自己又有多少人情債要還，忙於計算誰算計了自己而自己又要怎樣報復……算來算去，卻偏偏丟失了自己的清淨心。

你有多久，沒有聽到鳥兒為迎接旭日而發出的清脆晨鳴了？你有多久，沒有注意到夕陽西下的最後一抹霞光了？你有多久，不曾外出遠遊？你有多久，未曾好好休息？

喧囂的世俗生活中，你是否還保留著自己的一顆單純初心，你是否還擁有美好的理想與執著的追求，你是否還心存對世界的真誠感恩？若一切都已經漸漸消散，讓我們真心期待星雲大師致力於創造的人間淨土，並在這一方淨土之中找回自己吧！

那麼，星雲大師心目中對人間佛教的理想設定又是怎樣的呢？

- 建設生活樂趣的人間佛教。
- 建設財富豐足的人間佛教。
- 建設慈悲道德的人間佛教。
- 建設眷屬和敬的人間佛教。
- 建設大乘普濟的人間佛教。
- 建設佛國淨土的人間佛教。

若這般美好的理想成為現實，紅塵俗世中的每個癡人都將得到快樂與幸福，每個人都將站在生命驛站的任意一程，靜觀日升日落，欣賞雲卷雲舒，拈一朵盛世蓮花，在人群之中、人群之外拈花微笑。

目錄

第二章　做幸福人，一池落花兩樣情　〇四三

眾生皆在紅塵中顛倒，以致認為幸福不可企及。星雲大師卻帶著池邊觀落花的閒散心情，告訴我們幸福其實是一件簡單的事情：每天說一些歡喜的話，化解自己的悲傷；每天做一些利人的事，將快樂與他人分享；每天談一些益智的事，增長自己的智慧；每天審視聖者的慈像，增加心靈的善美。

癡迷的人總以為幸福在遙遠的彼岸，其實，在大師眼裡，池邊的落花也有幸福的味道。

第三章　做快活人，境不轉心轉　〇六五

山不轉，路轉；路不轉，人轉；人不轉，境轉；境不轉，心轉。人生在世不過數十年寒暑，人人都是過客。有的人活得認真，有的人活得隨緣。如星雲大師一般，做個快活的彌勒，不必太較真，也不要太隨便。在所有環境中隨遇而安，匆匆而逝的歲月也

有別樣的精彩。

第四章　做明白人，留一隻眼睛看自己　087

低頭，可以鑒照自性的澄明；退步，才能收穫一畦肥美的稻穗，宇宙萬有，因為虛空含納包容。當世人皆嚮往心外的財富，星雲大師卻保持著難得的清醒：唯有內心的財富才取之不盡、用之不竭。與其向外尋尋覓覓而不得，不如用心將智慧、忍耐、包容學到手。

第五章　做慈悲人，點亮心燈的善緣　113

星雲大師常常面帶慈祥的笑容，他總是對弟子們說，我們的微笑，在他人眼中是美麗的；我們的讚美，在他人心底是溫暖的；我們的傾聽，在他人感覺裡是虔誠的。懷慈悲心行慈悲事，凡夫俗子也能擁有一個輝煌的人生。

第六章　做聰明人，橫吹笛子豎吹簫　137

聰明的人，懷歡喜心做歡喜事，自然成就歡喜的人生；愚癡的人，心揣黃蓮做苦事，終成煩惱的人生。世間萬事無不在自己的一念之間，一念天堂、一念地獄。

像星雲大師所言，做個聰明人，橫吹笛子豎吹簫，動聽的旋律便時刻環繞身畔。

第七章 做灑脫人，隨緣安然 155

星雲大師常說做人當如水，灑脫的人生，有如山泉清流，渾然天成，不假造作，自然而流，不帶勉強。那淙淙的清泉，於山窮水盡處，百轉千迴，隨緣安然。任路遠道遙，澄澈見底，甘純清淨，可以滌人憂慮。

第八章　做積極人，剪修生命的荒蕪　177

星星會隕落，鑽石也會粉碎，唯有積極的人生信仰，水漂不走，火燒不盡，惡風傾動不了。在星雲大師眼中，一個積極的人當時常剪修生命中的荒蕪，唯有如此，才能任憑人間蝶去鶯飛，心田自有桂樹半畝。

第九章　做好學人，活到老學到老　201

知識，如明鏡一般，為人生映照出一個個亮面。一個好學的人，能夠在學習中增長知識，修煉涵養，培養氣質，使自己成為一個發光體，並與世界的燦爛接壤。

第十章 做富貴人，另類的財富 221

在星雲大師看來，真正的富人，不一定有良田萬頃，但卻有自己的一方心齋；不一定有豪宅香車，但定有溫馨家庭；不一定有萬千追隨者，但定有知己摯友。人生在世，錢固然重要，但卻絕非萬能。除了金錢之外，還有很多更值得追求的東西。

語錄 星雲偈語，禪深似海自有岸 241

第一章

做智慧人，行雲流水的人生

睿智如星雲大師，手持一盞般若智慧的心燈行走於世。智慧如太陽，可以照破黑暗；如良田，可以滋長善根；如明鏡，可以洞悉萬象；如大海，可以容納百川。

做一個智慧的人，在行雲流水般的日子裡時時點燃那一瓣心香。

一炷清香不如一瓣心香

星雲禪話

禪是一種智慧，智慧的種子既在高僧大德的手中，也在紅塵鬧市裡每個懷有佛心的人身邊。也許，很多人一輩子都不會走進廟宇之中燒香拜佛，但只要存著那一瓣心香，佛祖就在身邊，心燈自會照亮前程。

「點亮一盞尊敬和諧的心燈，點亮一盞祝福友愛的心燈，點亮一盞互相包容的心燈，點亮一盞勤勞節儉的心燈，點亮一盞忍讓和平的心燈，點亮一盞般若智慧的心燈。」生活中的智者理應如星雲大師所言，點亮心燈，照亮人生。

人間佛語

從前，有一個小沙彌一心求悟，他在門上寫「心」字，在窗上也寫「心」字，在牆上還是寫「心」字。

一天，文益禪師從他的禪房前經過，看到這般景象，便輕輕地叩開了他的房門。

文益禪師笑著說：「門上應該寫『門』字，窗上應該寫『窗』字，牆上應該寫『牆』字。」

你的心上，是否寫著「心」字呢？

心中有信仰，佛祖自在身邊。正如獅頭山法語所言：「一炷清香不如一瓣心香，一束鮮花不如一臉微笑，一杯淨水不如一念淨信，一串佛珠不如一句好話。」在星雲大師眼裡，供佛並不一定要上香，心香一瓣，會聚信仰十方。心中無礙，去染成淨，便能自在地徜徉於藍天白雲之間，快樂地聆聽風之傾訴、水之潺潺。

心中有佛，即為淨土。人生當如行雲流水，不以物喜，不以己悲，不因一時耀眼光環而狂傲，不因瞬間挫敗打擊而低迷。太過在乎必有牽累，太過執著自受羈絆，不如拋卻雜念，自求隨心。

三伏天，禪院的草地枯黃了一大片。「快撒點種子吧！好難看哪！」小和尚說。

師父揮揮手：「隨時！」

中秋，師父買了一包種子，叫小和尚去播種。

秋風起，種子邊撒、邊飄。「不好了！好多種子都被吹飛了。」小和尚喊。

「沒關係，吹走的多半是空的，撒下去也發不了芽。」師父說，「隨性！」

撒完種子，跟著就飛來幾隻小鳥啄食。「要命了！種子都被鳥吃了！」小和尚急得跳腳。

「沒關係！種子多，吃不完！」師父說，「隨遇！」

半夜一陣驟雨，一早小和尚便衝進禪房：「師父！這下真完了！好多種子被雨水沖走了！」

「沖到哪兒，就在哪兒發芽！」師父說，「隨緣！」

一個星期過去了。原本光禿禿的地面，居然長出許多青翠的草苗，一些原來沒播種的角落，也泛出了綠意。

小和尚高興得直拍手。

師父點頭：「隨喜！」

老和尚的「隨心」並無「所欲」，而是一種大智慧。星雲大師也曾對生活中的「隨」做出過同樣的解釋：要隨遇而安，要隨緣生活，要隨心自在，要隨喜而作。這兩者之中都包含著一種同樣的淡泊心，若以此淡泊心處世，必能在自在徜徉的心境中，體味到人生的快樂。

快樂是人生智慧結出的甜美果實。有所得固然會帶來快樂，無所得也是一種充實。古人說「非淡泊無以明志，非寧靜無以致遠」，淡泊是一種真我，是英雄本色。追求隨緣境界、自在人生的淡泊者，生活的道路上永遠開滿鮮花，永遠芳香四溢；陷於虛名浮利泥淖中的人，生活的道路上會遍佈陷阱，即使在生命終結的剎那驀然回首，可能也無法體會到那難以把握的快樂滋味。

人生像是一株煥發著生機的植物，當大自然將每個生命送到人間時，都賦予了他強壯的身軀和充沛的精力。汲取天地萬物之靈氣，便能在最短的時間內撐開一片最廣闊的綠蔭；而世俗酒色就好像一把斧頭，一旦觸及，便很容易失去所有青枝綠葉，只留下一具乾枯的枝幹。

智慧絕非剎那芳華

星雲禪話

保持心正意誠是獲得並維繫禪宗智慧的法寶，而如何才能做到正心誠意呢？

星雲大師教誨：「對世間要救苦救難，對他人要感恩戴德，對家屬要共榮共有，對社會要獻心獻力。」

智慧不是剎那芳華，也不是鏡花水月，它真實地存在於每個人身邊，也將永恆地存在於人世間。真正的智者能夠在這永恆的智慧之光的照耀下，在自己的人生舞臺上演繹出最美麗的傳奇。

人間佛語

「林花謝了春紅，太匆匆，無奈朝來寒雨晚來風。」風雨凋零了春花，往日時光難以再現；光陰似水，時光如梭，所以「自是人生長恨水長東」。

南唐後主李煜將自己人生失意的一番悵恨寄寓在暮春殘景之中，既是自我心情的寫照，也涵蓋了人類所共有的生命的缺憾，將人生易逝、光陰難留的無限痛苦融匯和濃縮在這千古一歎中。

穿越歲月的長河，無數美好的瞬間都在細雨中凋零隕落，無數壯麗的舉動都在和風裡化為塵埃，雄奇的景觀都將隨光陰而滄桑，堅定的信仰也會遺失在時光的洪荒裡。

美麗、感動、快樂、悲傷常常只在剎那之間，如清晨露水，日出即乾涸；如夜色曇花，一夜枯榮。人道「天下黃河九曲十八彎」，然畢竟東流去，這一滴水與那一滴水轉瞬之間從咫尺到天涯。

人生短暫，紅顏彈指老，剎那芳華盡，而禪的智慧卻在人生的眾多瞬間化為永恆。

與群石對語，看頑石點頭，拈花一笑，撣衣無痕，這是佛的姿態。

相傳在靈山法會上，釋迦牟尼為眾人說法。他手指間拈著一朵花，一句話也不說，只是對著眾生微笑，似乎所有佛法的奧義，都已經在這拈花示眾和微笑之間道盡了。

眾生面面相覷，不知該如何回應。唯有大弟子摩訶迦葉抬起頭，直視著佛陀的雙目，會心一笑。

釋迦牟尼欣然讚歎道：「吾有正法眼藏，涅槃妙心，實相無相，微妙法門，不立文字，教外別傳，付囑摩訶迦葉。」

這一拈一笑間傳遞了一切，也象徵著一種心靈的和諧、完美與圓融。這就是禪宗的第一次傳燈，摩訶迦葉繼承了佛祖的衣缽，也繼承了他傳法普度眾生的事業。禪法智慧的傳承似乎就在兩人相視一笑間完成了，但智慧的意義卻並未在那個瞬間全部實現。禪宗智慧的剎那芳華與永恆魅力往往是共存的，並行且永不相悖。

星雲大師主張佛門的「生命教育」：生命之所以有力量，在於能為生命留下歷史，為社會留下慈悲，為自己留下信仰，為人間留下貢獻——人的色身雖然有老死，真實的生命卻是不死的，就如薪火一樣相傳，所以，人一旦獲得了禪法的智慧，就應該將其融會於自己生命中的每分每秒。

生命就在呼吸之間，既然每個人都以同樣的步速從這幾十年的光陰中穿行，為何不選擇走得更加踏實、更加穩健，既能自利，又可利人。當走到生命的盡頭，即使不能留下深刻的痕跡，也能夠感受到發自內心的欣慰。

正如印度詩人泰戈爾所言：「天空中沒有翅膀的痕跡，但我已經飛過。」這種飛翔也是一種姿態，它同佛陀的所有智慧姿勢一樣，具有一種永恆不滅的精神魅力。

凡塵俗世聽梵音

星雲禪話

正如星雲大師所言，禪如空氣一般，將我們環繞其中，「待人處世是修行，工作服務是修行，誦經拜佛是修行，談話會面是修行，愛語讚歎是修行，改過遷善是修行，乃至休閒娛樂都是修行」。

古德說：「熱鬧場中作道場。」只要自己息下妄緣，拋開雜念，哪裡不可寧靜呢？「參禪何須山水地，滅卻心頭火亦涼。」深山古寺中能修行，紅塵俗世中也可得道。

人間佛語

禪是靜，禪是定，於滾滾紅塵中踉蹌奔走的眾生能否聆聽梵音佛唱呢？

只要心中有佛，外境又怎能阻礙人的修行之路？心中有佛，眼睛看到的都是佛的世界；心中有佛，耳中聽到的都是佛的聲音；心中有佛，說的話都是佛的語言；

心中有佛，所做的都是慈悲的事情。這是星雲大師所到達的禪悟境界，也是在俗世中打滾的眾生獲得心靈解脫的法門。

雖然生活在這污濁的世界，但只要心中有佛，凡塵俗世中也能聆聽到曼妙梵音，凡夫俗子也能成為出淤泥而不染的聖潔白蓮。

生活就是禪，禪就是生活。滿目青山是禪，茫茫大地是禪，浩浩長江是禪，潺潺溪水是禪，青山翠竹是禪，鬱鬱黃花是禪。

禪就在身邊，所以，參禪並非必須到廟宇之中。

無德禪師從法堂中走出來的時候，恰好看到一位女施主手捧鮮花，面色虔誠地走進了佛殿。於是，無德禪師朝她點頭微笑。

女施主向無德禪師微微施禮後說道：「禪師，這是我今天剛剛從家中的花園裡採下的鮮花，您看這花朵綻放得多麼美麗！」

無德禪師回答說：「是啊，多麼美麗的花朵！施主每天都這麼虔誠地來以香花供佛，必然會得到福報。」

聽到無德禪師的評價，女施主非常高興，她開心地說：「這是作為一個信徒應該做的。每次一走進廟門，我的心就會變得特別清淨，所有的煩惱剎那間煙消雲散。可是一旦回到家裡，無數的煩惱又會湧上心頭，我到底該如何消除心中的魔障呢？」

無德禪師並未回答她的問題，而是反問道：「既然施主每天都來寺裡獻花，我很想向您請教，請問您是如何保持花朵的鮮豔呢？」

「每次我將花採摘下來之後，都會將其泡在清水裡，並且及時地為它換水。換水時，還會把花梗剪掉一截，因為花梗在水的浸泡下容易腐爛，一旦腐爛就無法正常地吸收水分和營養。」

「施主，這和在世俗生活中保持清淨心難道不是一個道理嗎？我們就像是那瓶中花，而我們生活的環境就像是淨瓶一樣，唯有不斷地淨化自己的身心，檢討、修正自己的錯誤，才能獲得快樂。」

女施主似懂非懂地問道：「謝謝禪師的開示，我很希望能在寺院中過一段禪者的生活，既能夠向禪師多多請教，又可享受晨鐘暮鼓和菩提梵唱的寧靜。」

無德禪師道：「你的呼吸便是梵唱，脈搏跳動就是鐘鼓，身體便是廟宇，兩耳就是菩提，無處不是寧靜，又何必到寺院中生活呢？」

我們每個人的身體都是一座廟宇，呼吸之間就能夠感受到禪意的清澄與圓融。在自然天地之間，有無處不在的禪機妙意。一粒沙塵中包含一方世界，一朵野花中蘊藏一個天堂，生命中缺少的不是風景，而是一雙發現美麗風景的眼睛。道理是如此平常，關鍵是我們有沒有用像孩童一般的單純心靈來體悟。

一切世間的學問、智慧、思想，一切世間的事，都可以使你悟到般若在哪裡——到處都是。在看花中能悟道，在風景中也能成佛。

平凡生命不平庸

星雲禪話

世間生命多種多樣，有天上飛的，有水中游的，有陸上爬的，有山中走的；所有生命，都在時間與空間之流中兜兜轉轉。生命，總以其多彩多姿的形態展現著各自的意義和價值。

「生命的價值，是以一己之生命，帶動無限生命的奮起、活躍」，智慧禪光在眾生頭頂照耀，生命在閃光中見出燦爛，在平凡中見出真實。所以，所有的生命都應該得到祝福。

人間佛語

「若生命是一朵花就應自然地開放，散發一縷芬芳於人間；若生命是一棵草就應自然地生長，不因是一棵草而自卑自歎；若生命不過是一陣風則便送爽；若生命好比一隻蝶，何不翩翩飛舞？」梁曉聲筆下的生命皆有一份怡然自得、超然灑脫。

芸芸眾生，既不是翻江倒海的蛟龍，也不是稱霸林中的雄獅，我們在苦海裡顛簸，在叢林中避險，平凡得像是海中的一滴水、林中的一片葉。海灘上，這一粒沙與那一粒沙的區別你能可看出？曠野裡，這一抔黃土和那一抔黃土的差異你是否能道明？

每個生命都很平凡，但每個生命都不卑微，所以，真正的智者不會讓自己的生命隕落在無休無止的自怨自艾中，也不會甘於身心的平庸。

你見過在懸崖峭壁上卓然屹立的松樹嗎？

它深深地紮根於岩縫之中，努力舒展著自己的軀幹，任憑陽光暴曬，風吹雨打，在殘酷的環境中它依舊始終保持著昂揚的鬥志和積極的姿態。或許，它很平凡，只是一棵樹而已，但是它並不平庸，它努力地保持著自己生命的傲然姿態。

有這樣一個寓言，讓我們懂得：每個生命都不卑微，都是大千世界中不可或缺的一環，都在自己的位置上發揮著自己的作用。

一隻老鼠掉進了一支桶裡，怎麼也出不來。老鼠吱吱地叫著，牠發出了哀鳴，可是誰也聽不見。可憐的老鼠心想，這桶子大概就是自己的墳墓了。正在這時，一隻大象經過桶邊，用鼻子把老鼠吊了出來。

「謝謝你，大象。你救了我的命，我希望能報答你。」

大象笑著說：「你準備怎麼報答我呢？你不過是一隻小小的老鼠。」

過了一些日子，大象不幸被獵人捉住了。獵人用繩子把大象捆了起來，準備等天亮後運走。大象傷心地躺在地上，無論怎麼掙扎，也無法把繩子扯斷。

突然，小老鼠出現了。牠開始咬著繩子，終於在天亮前咬斷了繩子，替大象鬆了綁。

大象感激地說：「謝謝你救了我的性命！你真的很強大！」

「不，其實我只是一隻小小的老鼠。」小老鼠平靜地回答。

每個生命都有自己綻放光彩的剎那，即使一隻小小的老鼠，也能夠拯救比自己體型大很多的巨象。故事中的這隻老鼠正是星雲大師所說的「有道者」，一個真正有道的人，即使別人看不起他，把他看成是卑賤的人，他也不受影響，因為他知道自己的人格、道德，不一定要求別人來瞭解、來重視。他依然會在自我的生命之旅中將智慧的種子撒播到世間各處。

也許你就像是一朵殘缺的花，一片熬過旱季的葉子，或是一張簡單的紙、一塊無奇的布，也許你只是時間長河中一個匆匆而逝的過客，不會吸引人們半點的目光和驚歎，但只要你擁有自己的信仰，並將自己的長處發揮到極致，就會成為成功駕馭生活的勇士。

一念天堂，一念地獄

星雲禪話

生活在凡塵俗世中的人，註定逃不脫世俗的牽絆。與其為外境所困，不如用一顆寧靜淡泊的心平和對待。

「儘管外在花花世界的虛虛假假，但是，我們內心的世界，要無風、無浪、無花亦無香；儘管外在世界名利權位的爭奪、財富享樂的追求，但我們的內在世界，要有如韓愈所說『與其有樂於身，孰若無憂於心』的知足與自在。」若能得星雲大師的這般智慧，定能夠成為駕馭生活的熟練舵手，駕駛生命之舟縱情暢遊。

人間佛語

有一個弟子打坐之時，總覺得有一隻五彩斑斕的蜘蛛在自己身上爬來爬去，他常常被驚嚇得無法入定，於是他便將這事告訴了禪師。

老禪師遞給他一枝筆，說：「下次這隻蜘蛛再出現時，你把牠出現的位置畫下來，這樣才可以知道牠從何而來，才能想辦法驅逐。」

當這名弟子再次打坐時，蜘蛛又出現了，他標下蜘蛛的位置，急匆匆地找到禪師。老禪師指著弟子畫的圈，問道：「難道你還不知牠從何而來？」

弟子低頭一看，只見這個圈正畫在自己心的位置。

五色蜘蛛，不在別處，只是源於自己內心的妄念，因而由心所生。佛經上說，「心淨則國土淨」，心中澄明，則處處是淨土；心中有礙，則處處是地獄。

正如星雲大師所言：「我們的心，每天都是上天堂、下地獄，來來回回周遊。順心如意，歡喜得意，便是天堂；惡念紛飛，受挫憂悒，即地獄。」

日本明治時代有一位著名的南隱禪師，他境界很高，常常能用一兩句話給人以深刻的點撥，很多人慕名而至，前來問佛參禪。

有一天，有一位官員前來拜訪，請南隱禪師為他講解何謂天堂、何謂地獄，並希望禪師能夠帶他到天堂和地獄去看一看。

南隱禪師面露鄙夷之色，細細打量了他一番，然後問道：「你是何人？」

官員說：「在下是一名武士。」

南隱禪師哈哈大笑，並用很刻薄的語言嘲笑道：「就你這一副模樣，居然也敢稱自己是一名武士！真是笑死人了！」

官員大怒，立刻要身邊的隨從棒打南隱禪師。南隱禪師跑到佛像之後，露出頭來對著官員喊：「你不是讓我帶你參觀地獄嗎？看，這就是地獄！」

官員頓時明白了南隱禪師所指，心生愧疚，並被南隱禪師的智慧所折服，於是走到禪師面前，恭恭敬敬地低頭道歉。

南隱禪師笑著說：「看啊，這不就是天堂了嗎？」

在聽到南隱禪師的辱罵之後，這名官員尚未思考禪師的用意便勃然大怒，一念之間，便墜入了地獄；反之，當他以坦然平和的心境對待所發生的事情時，天堂也就在眼前了。這正是一念天堂，一念地獄。

星雲大師在《留一隻眼睛看自己》中說道：「天堂、地獄，唯在一心。可以海闊天空，也可以坐困愁城，可以自在生活，也可以擾攘終日，是天堂，是地獄，完全在於自己的選擇。」而這種選擇也決定了一個人將成為快樂生活的主人還是憂愁煩惱的奴隸。

你是選擇成為一名智者，還是一名癡人呢？

第二章

做幸福人，一池落花兩樣情

眾生皆在紅塵中顛倒，以致認為幸福不可企及。星雲大師卻帶著池邊觀落花的閒散心情，告訴我們幸福其實是一件簡單的事情：每天說一些歡喜的話，化解自己的悲傷；每天做一些利人的事，將快樂與他人分享；每天談一些益智的事，增長自己的智慧；每天審視聖者的慈像，增加心靈的善美。

癡迷的人總以為幸福在遙遠的彼岸，其實，在大師眼裡，池邊的落花也有幸福的味道。

謙虛與偉大比鄰

星雲禪話

如何保持謙虛？星雲大師提示眾生，要做到「少傲多謙」，即做人要謙虛，太自滿、太傲慢，都會讓人看不起，謙虛的人才會受尊敬；要做到「少拒多容」，泰山不辭每一粒塵土才能成其大，所以，能夠少拒多容，才會增加福報。

海納百川，有容乃大。海成其大的最根本原因，恐怕也在於它始終處在最低處，陸地上的江河流水才能順勢流向海洋。

大海本在最低處，而我們每個人，也只有改變向下看的視角，抬頭仰望峰頂，才能攀上更高的山峰。

人間佛語

達文西曾在《筆記》中感歎道：「微少的知識使人驕傲，豐富的知識則使人謙遜，所以空心的禾穗高傲地舉頭向天，而充實的禾穗低頭向著大地，向著它們的母親。」

滿招損，謙受益。驕傲自滿是我們前進中的絆腳石，它就像有色眼鏡一樣，使我們看不到別人的優點，自以為是、止步不前。驕傲自大的人會在自己與外界之間樹起一道無形的「城牆」，使自己與外界產生隔膜，從而變得狹隘、自私、目中無人，如井底之蛙，看不到更廣闊的世界。

星雲大師也曾說過：「愈是成熟的稻穗，頭垂得愈低。成熟的果實，開花可以向上，結果都是向下。」有了成就，謙虛更該如影隨形，因為謙虛的態度，才能使人永遠保持正確的前進方向，才能一步一步更接近勝利的巔峰。

一個容器若裝滿了水，稍一晃動，水便會溢出來。一個人若心裡裝滿了驕傲，便很難聽取別人的忠告，吸取別人的經驗，接受新的知識。長此以往，必定故步自封，或止步不前，或猝然受挫。其實，人們不應為自己已有的知識和成績感到驕傲，容器的容量是有限的，心胸卻可以擴展到無限。人們若能謙虛處世，即使將自己擺在最低處，實際卻與偉大更加接近。

從前，有一個學僧在無德禪師座下學禪。剛開始時，他非常專心，學到了不少東西。一年之後，他自以為學得差不多了，便想下山去雲遊四方，禪師講法的時候他什麼都聽不進去，還常常表現出不耐煩的樣子。無德禪師把這些全看在了眼裡。

這天，無德禪師決定問清緣由，他找到學僧問道：「這些日子，你聽法時經常三心二意，不知是何原因？」

學僧見禪師已識透他的心機，便不再隱瞞什麼，對禪師說：「老師，我這一年來學的東西已經夠了，我想去雲遊四方，到外面去參禪學道。」

「什麼是夠了呢？」禪師問。

「夠了就是滿了，裝不下了。」僧人認真地回答。

禪師隨手找來一個木盆，然後裝滿了鵝卵石，對學僧說道：「這一盆石子滿了嗎？」

「滿了。」學僧毫不猶豫地答道。

禪師又抓了好幾把沙子撒入盆裡，沙子漏了下去。

「滿了嗎？」禪師又問道。

「滿了！」學僧還是信心十足地答道。

禪師又抓起一把石灰撒入盆裡，石灰也落到石子縫隙裡不見了。

「滿了嗎？」禪師再問。

「好像滿了。」學僧有些猶豫地說。

禪師又順手往盆裡倒了一杯水下去，水也落到石子縫隙裡不見了。

「滿了嗎？」禪師又問。

學僧沒有說話，跪拜在禪師面前道：「老師，弟子明白了！」

學到一點東西就不可一世、盲目驕傲是可笑而且可憐的，一顆謙虛的心正如那盛了石子、沙子、石灰及水的木盆，總是能放下更多的東西，人生也才能在日積月累中向上提升。所以，只有謙虛的人，才能夠成為真正的智者。

輕如塵埃，也不必妄自菲薄

星雲禪話

「一扇小小的窗戶，總可射進陽光來；一顆小小的星星，能為夜空掛滿珍珠；一朵小小的玫瑰，可以滿室生春；一件小小的善行，可扭轉惡劣的命運；一點小小的微笑，可傳達無限的情意；一句小小的慰言，可轉變一個人的心境。」所以，小不可輕。

星雲大師十分推崇「小」的意義：「小，不一定無用，小的威力其大無比。……所以，小人物不要自怨自艾，不要感歎自己的渺小。小小的星火可以燎原，人都有一顆小小的心靈，只要發心立願，成佛都可以，人間事還有什麼是不可為的呢？」

即使只是陽光下一粒小小的塵埃，也能夠擁有最美麗的飛翔姿態，應該讓每一次的飛翔，都在藍天白雲的映襯下釋放出幸福的味道。

人間佛語

你見過在陽光下飛揚的塵埃嗎？
你見過屋簷上滴滴答答落下的水珠嗎？
你見過在地上爬來爬去的螻蟻嗎？
與這茫茫宇宙相比，牠們太過微小，甚至可以忽略不計，但是，牠們卻往往能夠創造令人驚歎的奇跡。
塵埃彙聚，可成山峰；水滴雖小，足以穿石；螻蟻卑微，卻能潰堤。
這樣的生命，難道不值得我們仰視？這樣的生命，難道不該有一份屬於自己的自信與自尊？

有個人為南陽慧忠國師做了二十多年侍者，慧忠國師看他一直任勞任怨、忠心耿耿，所以想要對他有所報答，幫助他早日開悟。

有一天，慧忠國師像往常一樣喊道：「侍者！」

侍者聽到國師叫他，以為慧忠國師有什麼事要他幫忙，於是立刻回答道：「國師！要我做什麼事嗎？」

國師聽到他這樣的回答，感到無可奈何，說道：「沒什麼要你做的！」

過了一會兒，國師又喊道：「侍者！」侍者和第一次一樣以為禪師喚他有什麼事要他幫忙。

慧忠國師又回答他道：「沒什麼事要你做！」這樣反覆了幾次以後，國師喊道：「佛祖！佛祖！」

侍者聽到慧忠國師這樣喊，感到非常不解，於是問道：「國師！您在叫誰呀？」

國師看他愚笨，萬般無奈地啟示他道：「我叫的就是你呀！」

侍者仍然不明白地說道：「國師，我不是佛祖，而是您的侍者呀！您糊塗了嗎？」

慧忠國師看他如此不可教化，便說道：「不是我不想提拔你，實在是你太辜負我了呀！」

侍者回答道：「國師！不管到什麼時候，我永遠都不會辜負您，我永遠是您最忠實的侍者，任何時候都不會改變！」

慧忠的目光暗了下去。有的人為什麼只會應聲、被動，進退都跟著別人走，不會想到自己的存在？難道他不能感覺自己的心魂，接觸自己真正的生命嗎？

慧忠國師道：「還說不辜負我，事實上你已經辜負我了，我的良苦用心你完全不明白。你只承認自己是侍者，而不承認自己是佛祖。佛祖與眾生其實並沒有區別，眾生之所以為眾生，就是因為眾生不承認自己是佛祖。實在是太遺憾了！」

慧忠國師一片苦心，他的侍者卻不明白，真是可惜。他能夠二十年如一日虔誠侍奉自己尊重的禪師，卻從沒有正確審視過自己的價值。

在星雲大師眼裡，做人，認識世界是必要的，而認識自己則更為重要。這就好比三獸渡河，足有深淺，但水無深淺；三鳥飛空，跡有遠近，但空無遠近。因此，任何人都不要把神仙看得太虛幻高遠，更不必妄自菲薄。

無上功德在於忍

星雲禪話

「忍不但是人生一大修養，是修學菩薩道的德目，也是過幸福生活不可或缺的動力。」在談及幸福人生為何需要「忍耐」時，星雲大師這樣回答：忍可以化為力量，因為忍是內心的智慧，忍是道德的勇氣，忍是寬容的慈悲，忍是見性的菩提。忍的含義是如此豐富，自然能夠為幸福人生增添更多的滋養。

真正的忍耐不僅在臉上、口上，更在心上，根本不需要忍耐，而是自然就如此，是不需要力氣、分毫不勉強的忍耐。人要活著，必須以忍處世，不但要忍窮、忍苦、忍難、忍饑、忍冷、忍熱、忍氣，也要忍富、忍樂、忍利、忍譽。以忍為慧力，以忍為氣力，以忍為動力，還要發揮忍的生命力。

人間佛語

有一枝剛剛被製作完成的鉛筆即將被放進盒子裡送往文具店，鉛筆的製造商把它拿到了一旁。

製造商說，在我將你送到世界各地之前，有五件事情需要告知：

第一件，你一定能書寫出世間最精彩的語句，描繪出世間最美麗的圖畫，但你必須允許別人始終將你握在手中。

第二件，有時候，你必須承受被削尖的痛苦，因為只有這樣，你才能保持旺盛的生命力。

第三件，你身體最重要的部分永遠都不是你漂亮的外表，而是黑色的內芯。

第四件，你必須隨時修正自己可能犯下的任何錯誤。

第五件，你必須在經過的每一段旅程中留下痕跡，不論發生什麼，都必須繼續寫下去，直到你生命的最後一公釐。

鉛筆的一生是充滿傳奇的一生，它用自己的生命勾勒著世人心中最精緻的圖畫，書寫著最溫暖的文字，即使在生命漸漸消失的時候，還在創造著新鮮的美麗。但是，它所邁出的每一步，卻都踩在鋒利的刀刃上，它一生都在忍受著無窮的痛苦。

星雲大師認為：「忍，是中華文化的美德；忍，也是佛教認為最大的修行。無邊的罪過，在於一個嗔字；無量的功德，在於一個忍字。」充實的生命，幸福的人生，需要能夠忍受寂寞，忍受他人的惡意羞辱，忍受生活的磨煉，在忍耐中堅強，在堅強中成長。

山裡有座寺廟，廟裡有尊銅鑄的大佛和一口大鐘。每天大鐘都要承受幾百次撞擊，發出哀鳴，而大佛每天都會坐在那裡，接受千千萬萬人的頂禮膜拜。

一天深夜裡，大鐘向大佛提出抗議說：「你我都是銅鑄的，你卻高高在上，每天都有人向你獻花供果、燒香奉茶，甚至對你頂禮膜拜。但每當有人拜你之時，我就要挨打，這太不公平了吧！」

大佛聽後思索了一會兒，微微一笑，然後，安慰大鐘說：「大鐘啊，你也不必豔羨我，你知道嗎？當初我被工匠製造時，一棒一棒地捶打，一刀一刀地雕琢，歷經刀山火海的痛楚，日夜忍耐如雨點落下的刀錘……千錘百煉才鑄成佛的眼耳鼻身。我的苦難，你不曾忍受，我走過難忍能忍的苦行，才坐在這裡，接受鮮花供養和人類的禮拜！而你，別人只在你身上輕輕敲打一下，就忍受不了，痛得不停喊叫！」

大鐘聽後，若有所思。

忍受艱苦的雕琢和捶打之後，大佛才成其為大佛，鐘的那點捶打之苦又算什麼呢？忍耐與痛苦總是相隨相伴，而這樣的經歷，卻總是能夠將人導向幸福的彼岸。

當寺廟中的大鐘依然每天承受著撞擊和捶打時，故事中的那枝鉛筆，究竟勾勒出了怎樣動人的線條呢？

存平常心，做非常人

星雲禪話

星雲大師認為，平常心是一種透析世情、了悟人生的智慧，能以平常心處世，自能「超然物外見真章」。而平常心所包含的內容主要有四點：第一，失意事來，治之以忍；第二，快心事來，處之以淡；第三，榮寵事來，置之以讓；第四，怨恨事來，安之以退。

「對境無貪妄，是名平常心。」保持平常心，保持真我，方能成就脫俗的自我。

人間佛語

宋代無門慧開禪師曾作《頌》詩曰：「春有百花秋有月，夏有涼風冬有雪。若無閒事掛心頭，便是人間好時節。」這種怡然自得的心境，這種日日是好日的灑脫超逸，不正是星雲大師所言的平常心嗎？

保持一顆平常心，做到無為、無爭、不貪、知足，保持對名利的淡泊心，對屈辱的忍耐心，對他人的仁愛心，做好每天當做之事，享受每一件事情帶來的快樂，自然會有足夠的力量來承擔生活中永恆存在的挫折和痛苦，也自然能夠獲得更純粹的幸福。

面對人生，我們要選擇閒看雲卷雲舒、花開花落的心境，選擇一種從容自在的人生態度，既要正視生活中的悲歡離合，做到寵辱不驚，也要正確定位自己的人生座標，做到自在隨意。

曾會學士與珊禪師是多年的好朋友。有一次，學士外出偶然遇到了雪竇禪師，於是他就寫了封介紹信給雪竇，讓他到靈隱寺去找珊禪師，告訴他珊禪師一定會照顧他的。雪竇禪師欣然接受，然後拜別，雲遊去了。

這一別就是三年。一次，曾會學士因為公事，來到了靈隱寺。他突然想起了三年前曾介紹過雪竇禪師來這裡，於是便問珊禪師：「雪竇禪師現在怎麼樣了？」

珊禪師疑惑地說：「沒有這個人呀！是不是搞錯了？」

曾會學士說：「怎麼會錯呢？我親自介紹他來的！」

珊禪師十分為難，派人在寺中的上千僧眾中找了個遍，可是找了一上午，也沒有找到這個人。

曾會學士說：「你還記得拿我介紹信的那個人嗎？」

珊禪師搖搖頭說：「沒有啊！我從來沒有收到過你寫的介紹信呀！」

珊禪師看學士那麼著急想找到這個人，便和學士一起去找，可是找遍了每一個地方，就是不見雪竇禪師的蹤影。直到天快黑的時候，才在一個很破的屋子一角裡找到了正在打坐的雪竇禪師。

曾會學士歡喜地喊道：「雪竇禪師！」

雪竇見是曾會學士，也感到十分驚喜，他與珊禪師各自作禮。珊禪師一見雪竇禪師，就看出他將來一定會有一番不凡的造化。

各自寒暄了一陣，曾會學士問道：「三年前，我親筆寫的介紹信你給弄丟了嗎？為什麼不給珊禪師看呢？害得你住這樣的房子！」

雪竇禪師從衣袖裡取出原封未動的介紹信還給曾會，說道：「我只是一個雲遊的和尚，沒有什麼渴求，為什麼要請人介紹呢？」

雪竇禪師保持著這樣的平常心：堅信只要自己努力，就不會被埋沒，因而從未將自己置於某種特殊的位置。他保持著最本真的自我，也在這種平靜與坦然中成就了非凡的人生價值。在雪竇禪師心中，自己只是一名雲遊僧，無欲也無求，掙脫世俗的誘惑，拋卻名利的紛擾，雖默默無聞卻終成正果。

很多人在春風得意時都容易喜形於色，在沾沾自喜中迷失自我。能夠始終保持低調的行事作風的人卻總是少數，他們在任何情況下都不露聲色，卻往往能在「不顯不露中出頭」，這才是智者的幸福哲學。

生命彷若不繫舟

星雲禪話

真正幸福的人生，難以圓滿。在星雲大師眼中，有苦有樂的人生是充實的，有成有敗的人生是合理的，有得有失的人生是公平的，有生有死的人生是自然的。「喜歡月圓的明亮，就要接受它有黑暗與不圓滿的時候；喜歡水果的甜美，也要容許它通過苦澀成長的過程」，人生總是「一半對一半」，在人生的樂、成、得、生中，包容不完美，才是真正完整的幸福。

人間佛語

「豈無平生志，拘牽不自由。一朝歸渭上，泛如不繫舟。」白居易曾在《適意》中這樣表達過自己對自由生命的嚮往之情。自古以來，失意的文人墨客常常寄情於山水之間，希望能在遊玩嬉戲的飄逸灑脫中陶冶性情，驅除煩惱。

閒來寄情山水，春鳥林間，秋蟬葉底，淙淙流水過竹林；四山如屏，煙霞無重數，荒徑飛花橋自橫。這般景象，可謂完美。

很多人都執著於追求完美的人生，凡事要求完美固然很好，以示精益求精，更上一層樓，但星雲大師卻不斷地給世人以警醒：有的人因小小的缺陷而全盤否定人生的意義，有的人因為小小的遺憾而將手中的幸福全部放棄，這樣追求完美，有時反而因噎廢食，流於吹毛求疵，這無論是對於自己還是對於他人，都是一種不必要的辛苦。真正幸福的人生，本來就有缺陷，在追求完美人生的同時，要能夠認清人生實相。

人生實相，就如這支飄搖的生命之舟，無所牽繫，卻有各種承載。

一支飄搖的生命之舟，從時空的長河中緩緩駛來。舟中有一個剛剛誕生的生命，他不會說、不會笑、不會跳、不會鬧，也不會思考，他只是沉睡著，遠處傳來一個聲音：「你從何處來？要到何處去？」剛誕生的小生命重複道：「我從何處來？要到何處去？」

生命之舟在時空的長河中默默前行。忽然，又傳來一個聲音：「等一等！我們想與你一同旅行，請載我們同去！」隨著聲音傳來的方向看去，只見痛苦與歡樂、愛與恨、善與惡、得與失、成功與失敗、聰明與愚鈍，手拉著手游向生命之舟。

痛苦從左邊上了船，歡樂從右邊上了船；愛從左邊上了船，恨從右邊上了船……待這些人生的伴侶們進到了船艙，這支飄搖的生命之舟頓時沉重了許多，艙中的氣氛頓時活躍了，哭聲和笑聲接連從舟中傳出來。

忽然，又一個喊聲傳來：「等一等，等一等，還有我們。」眾人尋聲望去，只見清醒與糊塗、路人與朋友雙雙攜手遊來。清醒從左邊上了船，糊塗卻遲遲不肯上去。路人從左邊上了船，朋友也遲遲不肯上去。

「喂！怎麼回事？朋友！糊塗！你們快上來呀！」一個聲音招呼著他們。「不！除非糊塗先上去，我才會上去！否則，生命是容不下我的！」朋友說。「不！我也不想上去，我知道我是不受歡迎的！」糊塗說。「請上船吧，糊塗！你知道你在我的一生中多麼重要嗎？我要得到朋友，首先要得到你，我要成就一番事業，沒有你也是萬萬不行的。」船中的生命呼喚著。

於是，糊塗猶猶豫豫地上了船，朋友緊跟著也上去了。飄搖的生命之舟，在時空長河中滿載著前行。

這時，後面又傳來了呼喚聲：「等一等我，別忘了我！我一直在追隨著你哪！」

這是死亡的呼喊。

在死亡的追趕下，生命之舟一路向前。顯然它不肯為死亡停駐，不知是裝作沒有聽見死亡的呼喊，還是不願聽見死亡的聲音，但無論如何，死亡依然緊緊地跟在它的後面，寸步不離。這支飄搖的生命之舟，必須滿載著痛苦與歡樂、愛與恨、善與惡、得與失、成功與失敗、聰明與愚鈍，在人生的得意與失意間破浪前行。

憑山臨海不繫舟，山水繫不住生命之舟，個人的心願意志也繫不住，它有著自我的軌跡，我們只能將其圓滿，卻不能徹底改變。若想在這茫茫旅途中獲得真實的幸福，唯有認清並接受生命中必然存在的缺陷。

第三章

做快活人，境不轉心轉

山不轉，路轉；路不轉，人轉；人不轉，境轉；境不轉，心轉。人生在世不過數十年寒暑，人人都是過客。有的人活得認真，有的人活得隨緣。如星雲大師一般，做個快活的彌勒，不必太較真，也不要太隨便。在所有環境中隨遇而安，匆匆而逝的歲月也有別樣的精彩。

剪掉心中的死結

星雲禪話

雖然境由心造，但是很多人常常被外境所困，以至於心也常常被困在圍城之中。

「我們平常看山、看水、看花、看草、看人、看事，看盡男男女女，看盡人間萬象，卻很少人『看心』。」所以，星雲大師告誡眾人：「儘管我們看盡了世界上的美景奇觀，卻看不到自己的『心』。心是我們自己的，我們要能明心見性，才能找到自己。」

看清自己的心，才能找到癥結所在，剪掉心中的死結，走出人生的圍城，達到心神的通暢。

人間佛語

常常爬山的人，都知道「山不轉路轉，路不轉人轉」的道理，禪宗中也有類似的情形。「人不轉境轉，境不轉心轉」，境由心生，心乃畫師，能畫諸世間萬般景象。

「芭蕉葉上無愁雨，只是聽時人斷腸」，心外陽光明媚、鳥語花香時，內心卻可能愁雲密布，甚至沒有任何陽光可以照進的縫隙。快樂時，「綠楊煙外曉寒輕，紅杏枝頭春意鬧」；失意時，「淚眼問花花不語，落紅飛過秋千去」。

人生不如意事十之八九，在必要時採取適當的方法剪掉心中的死結，才能夠獲取更廣闊的心靈空間。

陽春三月，弟子們坐在禪師周圍，等待著師父告訴他們人生和宇宙的奧祕。

禪師一直默默無語，閉著眼睛。突然他向弟子問道：「怎麼才能除掉曠野的草？」弟子們目瞪口呆，沒想到禪師會問這麼簡單的問題。

一個弟子說：「用鏟子把雜草全部鏟掉！」禪師聽完微笑地點頭。

另一個弟子說：「可以一把火將草燒掉！」禪師依然微笑。

第三個弟子說：「把石灰撒在草上就能除掉雜草！」禪師臉上依然帶著微笑。

第四個弟子說：「他們的方法都不行，那樣不能除根的，斬草就要除根，必須把草根挖出來。」

弟子們講完後，禪師說：「你們講得都很好，從明天起，你們把這片草地分成幾塊，按照自己的方法除去地上的雜草，明年的這個時候我們再到這個地方相聚！」

第二年的這個時候，弟子們早早就來到這裡。原來的雜草已經不見了，取而代之的是金燦燦的莊稼。弟子們在過去的一年時間裡用盡了各種方法都不能除去雜草，只有在雜草地裡種莊稼這種方法取得了成功。他們圍著莊稼地坐下，莊稼已經成熟了，可是禪師已經仙逝了。那是禪師為他們上的最後一堂課，弟子們無不流下了感激的淚水。

要除掉心中的雜草，最好的方法不是用蠻力與之相抗，而是在心中播撒下新的種子，用新鮮生命飽滿的熱情來抗衡雜草的韌性。心中的死結往往就像雜草一樣，有著極強的生命力，外力通常只能改變它們的生長軌跡，卻不能完全將之從自己的生命中驅逐。

時刻不忘清理自己的心靈後花園，生命必將綻放出無比耀眼的光彩。

心靈是花園，需要我們時時耕鋤。這個花園中有穢土，也有淨土，所以不可能永遠保持快樂與清淨。只要是花園，就會生長雜草，四處蔓延。作為自我心靈的園丁，我們絕不能放任雜草叢生，占盡花木所需的陽光雨露，否則這座花園就會成為人生困頓的圍城，而及時修剪，求得和諧美好的內心環境，圍城之中也能過自在人生。

心靈是一座花園，做自己心靈的勤勞園丁，在心中播下真愛和智慧的種子，就會收穫充實快活的人生。

善意如禪鑰，開啟快樂法門

星雲禪話

歲月像一把刻刀，刀柄就握在自己手中，想要雕琢出怎樣的生活，刻畫出怎樣的人生之路，要看一個人如何在生命之中行走。與漫漫的人生長路相比，每個人都是彼此生命中的過客，雖然不能相伴終生，但每個人都可能成為他人心靈的導師、相交的摯友、靈魂的依靠。

所以，在和他人的交往中，須謹言慎行，與人為善，哪怕一個笑容，有時候也可以改變人的命運。

星雲大師說：「給人一個微笑，對方很歡喜，會有好緣分。」

人間佛語

微笑，是一朵綻放在臉上的蓓蕾，它植根於人的美好心靈中，閃爍著善良與智慧的光芒；微笑，是一個人最好的通行證，它引導我們告別冬日的寒夜，迎來春天的暖陽。

微笑像一杯清水，滋潤我們乾涸的心靈；像一縷陽光，驅散我們心頭的冷漠；像一杯冰茶，趕走燥熱，帶來清新。

二十世紀三十年代，當戰爭從歐洲橫掃世界時，曾經有一位猶太傳教士，因為一個微笑，改變了自己和家人的命運。

這位傳教士居住在一個僻靜的鄉村裡，每天清晨，他都會到鄉間的小路上散散步。他是一個非常開朗的人，雖然當地的居民對傳教士、對猶太人尤其冷漠，但是無論見到任何人，他都會熱情地打個招呼：「嗨，早安」，同時報以真誠的微笑。

在他常常碰到的人中，有一個年輕的農民，名叫米勒。米勒為人孤僻，很少與別人說話，但無論米勒表現得多麼冷漠，甚至有幾分不耐煩的情緒，傳教士依然保持著自己的熱情，每次見到米勒都會熱情地問好。終於有一天，當兩個人再次在鄉間的小路上相遇時，米勒脫下自己的帽子，微微彎下腰，也向傳教士道了一聲：「早安」。

幾年以後，納粹黨上臺執政了。

納粹分子集中了村中所有的人，要將其中的「危險分子」送往集中營。全村人依次從納粹軍官的面前走過，然後被分到左右兩側，被分到左側的人只有死路一條，而被分往右側的人還有生還的微小希望。

很快，傳教士被兩名士兵帶到了指揮官面前。他絕望地抬起頭，與指揮官的目光剎那間相遇了，他習慣性地露出微笑，說道：「早安，米勒先生。」

此時的米勒已經成為納粹軍隊的高級指揮官。米勒愣了一下，然後表情發生了一些微妙的變化，低聲地回應道：「早安。」

最後，傳教士以及他全家人都被分到了右側的隊伍。

某些時候，一個微笑，真的可以改變人的命運。熱情的問候，溫馨的笑容，不知不覺間，就已經將善意的種子種在了他人的心田。

不要低估了一句話、一個微笑的作用，它很可能成為開啟幸福之門的一把鑰匙，成為照亮暗夜的一盞明燈。

英國有句諺語：「一副好的面孔就是一封好的介紹信。」面對他人，自然而然流露出的微笑既能展現自己的友好、熱情，更能顯示一個人的自信、教養，以及積極的人生態度，從而在對方的心靈中投射下一束溫暖的陽光。

用微笑點亮人生

星雲禪話

與人相處時，善意的開始必然帶來快樂融洽的結果。星雲大師始終相信，面帶微笑，心存真誠，兩人相對的第一個瞬間，必定能傳達出最友好的信號。

「當我們面帶笑容，看在對方眼中，那個微笑是發光的；當我們口出讚歎，聽在對方心底，那句讚美是發光的；當我們伸手扶持，受在對方身上，那溫暖的一握是發光的；當我們靜心傾聽，在對方的感覺裡，那對耳朵是發光的。」這是一種神奇的精神力量，能夠化腐朽為神奇，幫助我們化解一切困難。

人間佛語

生活中，許多人認為，微笑著面對每一個人是件很困難的事，實際並非如此。只要你平時多對自己說：「我想做一個快樂的人，我喜歡微笑。」你就肯定能做到這一點。

當我們微笑時，微笑的臉龐總是真摯動人的，溫情洋溢，宛如和煦的陽光灑在心間。當我們一路朝著它所在方向走去的時候，其他的憂愁和煩惱都會被漸漸地拋在身後的陰影裡。星雲大師認為，微笑能夠使煩惱的人得到解脫，使疲勞的人得到安適，使頹唐的人得到鼓勵，使悲傷的人得到安慰。

有一個人常常覺得生活沒有任何意義，除了悲傷就是煩惱，所以，他漸漸地越來越頹廢、越來越憂鬱。

一天，他聽說在遠方的深山裡有一位得道高僧，能夠幫人答疑解惑，便跋山涉水地尋到這座寺廟，向老禪師請教解脫之法。

憂鬱者問：「禪師，我究竟應該怎麼做，才能夠擺脫這悲觀痛苦的深淵，得到充實而輕盈的快樂呢？」

禪師回答：「微笑，對自己微笑，也對他人微笑。」

憂鬱者仍然困惑，又問：「可是我沒有微笑的理由啊！生活如此艱辛，我為什麼要微笑呢？」

禪師略微思索了一下，說：「第一次微笑是不需要理由的，你只要盡情地綻放自己的笑容就可以了。」

「那麼第二次、第三次呢？一直都不需要理由嗎？」

「不要擔心，到第二次、第三次的時候，微笑的理由就自己來找你了。」

憂鬱者踏上了返鄉的歸程。

不久以後，寺中來了一位快樂的年輕人，他徑直來到老禪師的禪房外，輕輕地敲了敲門，說：「禪師，我回來了。」他的聲音中充滿了快樂。

老禪師並未打開門，便在屋內問道：「你找到微笑的理由了嗎？」

「找到了！」年輕人興奮地說。

「那麼，你是在哪裡找到它的呢？」

「當我第一次對來向我借東西的鄰居微笑的時候，他同樣給了我一個微笑，那一刻，我突然發現天空是那麼遼闊，空氣是那麼清新！第二次，當我走在路上被一個人撞到時，我並沒有憤怒，而是送給他一個微笑，我得到了他發自內心的歉意和感謝，那是人世間多麼美好的情感！第三次，當我把微笑送給在草地上玩耍的孩子時，他們拉著我加入了他們遊戲的隊伍……我不再吝嗇自己的笑容，我把它們送給路上的陌生人，送給街邊休息的老人，甚至送給曾經羞辱過、欺騙過、傷害過我的人，在這個過程中，我收穫了許多，這裡面有讚美、感激、信任、尊重，也有某些人的自責和歉意。這些讓我更加自信、更加愉快，也更加願意付出微笑。」

「你終於找到了微笑的理由。」禪師輕輕地推開房門，微笑著對他說，「假如你是一粒微笑的種子，那麼，他人就是土地。」

微笑，是一股清新的風，驅散夏日裡無奈的煩躁；微笑，是一縷和煦的陽光，為在寒冷中煎熬的人們帶來力量和勇氣；微笑，是新春原野上的芳草，袒露著鮮活和蓬勃；微笑，是金秋時節熟透了的果實，展示著芳香和甘甜。

微笑，是灑向人間的愛意，向世界吐露芬芳的真誠。你的笑靨雖不能傾國傾城，但只要是發自肺腑，平常而又自然，也足以使人感到無限的愜意和溫馨。

微笑，是世間最美麗的表情，它代表了友善、親切、禮貌與關懷。不會笑的人，彷彿身旁的空氣都鬱悶得難以流動，待久了是會讓人窒息的。長得不美，笑得也不好看，這沒關係，要緊的是，你是否真心誠意地展顏一笑，送給每一位與你擦身而過的熟悉抑或陌生的人。

在現實生活中，千萬不要吝嗇你的微笑。

皆大歡喜，才是真的快樂

星雲禪話

與人相處需要智慧，所以人們常常說：「做人難，難做人，人難做！」在紅塵中與人相處，既要不失禮貌、不失風度，又要讓人欣賞、讓人讚美、讓人接受，這需要一定的方法。

星雲大師曾作四句偈語，以供眾生參考：「見面三句話，相逢應問好，交談要微笑，口角一回合。」

人間佛語

人與人相處，難免會發生衝突，一旦起了爭執，切記口角之爭最多「一回合」，不要一味地辯論爭吵，各自退讓一步自然海闊天空，才能得到皆大歡喜的快樂。

天剛破曉，朱友峰居士與沖沖地抱著一束鮮花及供果，趕到大佛寺想參加寺院的早課。誰知才踏進大殿，左側突然跑出一個人，正好與朱友峰撞個滿懷，將朱友峰捧著的水果撞翻在地。朱友峰看到滿地的水果，忍不住叫道：「你看！你這麼粗魯，把我供佛的水果全部撞翻了，你怎麼給我一個交代？」

這個匆匆跑出的人叫李南山，他非常不滿地說道：「撞翻已經撞翻，我說一聲對不起就夠了，你幹嘛那麼凶？」

朱友峰非常生氣道：「你這是什麼態度？自己錯了還要怪人！」接著，彼此咒罵，互相指責的聲音此起彼落。

廣圄禪師正好從此經過，就將兩人帶到一旁，問明原委，開示道：「莽撞的行走是不應該的，但是不肯接受別人的道歉也是不對的，這都是愚蠢不堪的行為。能坦誠地承認自己過失及接受別人的道歉，才是智者的舉止。」

廣圄禪師接著又說道：「我們生活在這個世界上，必須協調的生活層面太多了，例如：在社會上如何與親人、朋友取得協調；在教養上，如何與師長們取得溝通；在經濟上，如何量入為出；在家庭上，如何培養夫妻、親子的感情；在精神上，如何選擇自己的生活方式，各方協調了，才不會辜負我們可貴的生命。想想看，為了一點小事，一大早就破壞了一片虔誠的心境，值得嗎？」

李南山先說道：「禪師！我錯了，剛才我實在太冒失了！」說著便轉身向朱友峰道：「請接受我至誠的道歉！我實在太愚癡了！」朱友峰也由衷地說道：「我也有不對的地方，不該為一點小事就發脾氣，實在太幼稚了！」

廣圄禪師的一番話，感動了這兩位爭強好鬥之人。

在與人的相處中，莫讓一些小事情影響了我們一天的好心情，即使偶爾發生爭執，也應該及時化解，兩個人的微笑總比兩個人的憤怒更加珍貴。

惡言相向不如善言以對，當你用溫和的語言對待他人時，別人也一定會以同樣的態度來對你做出回饋。

發自內心的美好語言，總會帶給別人更多的快樂，也帶給自己更多的便利。一個聰明人，應該懂得交往的智慧，在與人相處時追求皆大歡喜的結局，這樣的快樂才會更加持久、更加芬芳。

在生命的直行道上轉彎

星雲禪話

「人生的道路，有時候要直行才能到達目標，有時候要轉彎才能達到目的。遇到轉彎的時候你不轉彎，這是不懂得回頭是岸；應該直行的時候你不直行，這是錯失良機。」人們常常執著於某種念頭，不到黃河心不死，卻往往忽視了人生的道路上本就有很多的岔路口，適當的轉彎也許能夠帶來更加美麗的風景。

在星雲大師看來，所謂「方便有多門，歸元無二路」，在人生的路上，只要能達到目的，何必非要執著於一條路走到底呢？

人間佛語

有兩個不如意的年輕人，一起去拜望一位禪師。「師父，我們在辦公室被人欺負，太痛苦了，求您開示，我們是不是該辭掉工作？」兩個人一起問道。禪師閉著眼睛，隔半天，吐出五個字：「不過一碗飯。」然後揮揮手，示意年輕人退下了。

回到公司，一個人遞上辭呈，回家種田，另一個卻留下了。日子過得真快，轉眼十年過去了。回家種田的，以現代化經營，加上品種改良，居然成了農業專家。另一個留在公司裡的也不差，他忍著氣、努力學，漸漸受到器重，後來成為經理。

有一天，兩個人相遇了，互相談論過自己的近況之後，不由得感歎起來。

「奇怪！師父給我們同樣『不過一碗飯』這五個字，我一聽就懂了，不過一碗飯嘛！日子有什麼難過？何必非待在公司？所以辭職。」農業專家問另一個人：「你當時為什麼沒聽師父的話呢？」

「我聽了啊！」那經理笑道，「師父說『不過一碗飯』，多受氣、多受累，我只要想『不過為了混碗飯吃』，老闆說什麼是什麼，少賭氣、少計較，就成了！師父說的不正是這個意思嗎？」

大惑不解中，兩個人又去拜望禪師，禪師已經很老了，仍然閉著眼睛，隔半天，答了五個字：「不過一念間。」然後，揮揮手……

在相同的指引下，兩個年輕人各自尋找到了不同的生活方式，一個選擇繼續直行，在原來的公司得到升職，成為經理；而另一個則選擇了在原來的道路上轉個彎，從別處尋覓自己生命的價值所在。

「不過一念間」，看上去他們都擺脫了原來不如意的狀態，獲得了快樂，但是細細品味，兩人的心境仍舊有著很大的差別：農業專家澈底從原來「難過」的日子中解脫了出來，重新給自己做出了定位；另外一個年輕人看似灑脫，實則仍然處於被動中，只不過他自己也已將那種無奈的心情擋在了個人意識之外。

在禪宗的無上智慧中，轉彎是一種高妙的藝術。所謂殊途同歸，若都是為了尋找生命中的快樂與生活的意義，又何必非要走一條路呢？適當轉個彎，雖不是絕處逢生，卻也能在陌生的地方領略到更美的風景。

「在戰場上，有時候要勇敢地向前衝鋒，有時也要採取迂迴戰術；開山闢路，想要達到峰頂，必得有九彎十八拐，不經迂迴，不能直上。」在人生的直行路上轉個彎，縱然道路崎嶇，前途未卜，但曲徑通幽處，總是別有洞天。

靠近聖賢才能成為聖賢

星雲禪話

「生命有它的韌性，只要勇敢面對挫敗，經得起歲月寒暑的流遷，受得起風霜雨露的考驗，就能展現蒼勁、瑰麗的生命風采。」

一個人，應該不斷陶冶自己的性情，磨煉自己的品性，即使遭遇打擊，也要勇敢地挺直脊樑，要能夠在世事的磨煉中看到自己的價值。

即使山間層層浮雲，也不必畏懼，勇往直前。會當凌絕頂，一覽眾山小。山巔觀景，總是格外開闊。

人間佛語

童年時期，星雲大師曾寫過一篇文章，拿給老師看之後，老師在他的文章下面做了兩句批註：「兩個黃鸝鳴翠柳，一行白鷺上青天。」星雲不解，向老師請教後得知，老師是以黃鶯在柳枝上的啼叫，白鷺飛上青天的一聲長鳴來形容其文章的

「不知所云」。

這樣的評語對一個小孩子來說，是很大的打擊。但是星雲大師並未因這種批評而喪失鬥志，只是暗暗地在心裡想：老師不瞭解我沒有關係，總有一天，我會憑藉自己的能力讓世人瞭解我。

幾十年後，他不僅為眾人所瞭解，更成為很多人心靈的導師、精神信仰的寄託。

一個真正明智的人必定清楚，若想獲得他人的認可與尊敬，必須不斷完善自己，站得更高，才能眺望到更遠處，而那些處處標榜自己、處處炫耀自己的人，只會成為他人的笑談。

每一隻手都有五根手指，很多事情必須依靠五根手指通力合作才能完成，它們一直相親相愛、互敬互助。某一天，五根手指卻為了爭誰是老大而爭吵起來。

大拇指說：「當人們想要表達『第一』時，都會伸出大拇指以示讚美，而且，我排在最前面，所以，當然我最大了！」

「自古以來，民以食為天，所有人在品嘗食物時都會經過我，誰見過有人用拇指品嘗味道呢？」食指不甘示弱，繼續說道：「有時候，我這食指一伸，指向哪個方向，所有人就必須朝向那個方向。所以，當然是我最有用！」

中指不服氣地說道：「你們仔細看看，五根手指中我最長，我在中間，難道這還不能說明一切嗎？」

無名指也很不服氣，它不滿地說道：「雖然我叫『無名』，但無名才是真名，在很多人心目中，我都有著無法替代的意義。你看所有結婚的人都會把鑽戒戴到無名指上，所以我是珠光寶氣的，而且寄託著人生最重要的承諾和情感，所以我才是最重要的！」

四根手指爭得不可開交，小拇指卻一直不開口，大家都感到很奇怪。大拇指終於沉不住氣了，問道：「你為什麼不說話呢？」

小拇指說：「我最小，而且位置也在最後，哪裡能跟你們比呢？」

大家一聽，覺得小拇指能夠真正認清自己的位置，有幾分難得的自知之明。但這時小拇指又開口了：「我知道自己很渺小，所以努力地向著聖賢靠近。當人們心存謙卑與恭敬，雙手合十面對佛祖時，是我最靠近聖賢。」

五指尚會爭大，社會上爭做老大的人更是屢見不鮮。雖然五指試圖通過確定「排名」來確定自己老大的位置，但星雲大師說，真正的老大，不是用身份的高低、排名的先後去衡量的，而是必須有懂得恭敬別人、包容別人的心量。正如故事中的小拇指，以一顆最虔誠的心向聖賢靠近著，在自我完善與包容他人中贏得了真正的智者的位置。

是什麼，能夠悄無聲息地帶走滿腹煩惱，讓你春風滿面、樂觀生活？是什麼，能夠讓你從青澀走向成熟，獨當一面？是什麼，讓你的生命在群星璀璨的夜空中熠熠生輝、光彩奪目？

不是其他，正是自己。當年少的輕狂氣息隨著歲月的流逝逐漸沉澱，睿智、坦蕩、包容、大氣的你必將成為眾人矚目的焦點。

第四章

做明白人，留一隻眼睛看自己

低頭，可以鑒照自性的澄明；退步，才能收穫一畦肥美的稻穗，宇宙萬有，因為虛空含納包容。當世人皆嚮往心外的財富，星雲大師卻保持著難得的清醒：唯有內心的財富才取之不盡、用之不竭。與其向外尋尋覓覓而不得，不如用心將智慧、忍耐、包容學到手。

身在山中，不識山之面目

星雲禪話

人的一生，只和兩種人相處，一是自己，二是他人。在星雲大師眼中，人生時空本是一個渾融的圓，所以無論自處，還是處人，就像在畫圓，以自覺、自度為圓心，以慈悲、利他為半徑，所畫出來的就是那個人生時空的圓。

要想將這圓畫得圓滿，最重要的莫過於認識自己。

人間佛語

神會禪師前去拜見六祖，六祖問他：「你從哪裡來？」

神會答道：「沒從哪裡來。」

六祖問：「為什麼不回去？」

神會答：「沒有來，談什麼回去？」

六祖問：「你把生命帶來了嗎？」

神會答：「帶來了。」

六祖問：「既有生命，應該知道自己生命中的真相了吧？」

神會答：「只有肉身來來去去，沒有靈魂往往返返！」

六祖拾起禪杖，打了他一下。

神會毫不躲避，只是高聲問：「和尚坐禪時，是見還是不見？」

六祖又杖打了三下，才說：「我打你，是痛還是不痛？」

神會答：「感覺痛，又不痛。」

六祖問：「痛或不痛，有什麼意義？」

神會答：「只有俗人才會因為痛而有怨恨之心，木頭和石頭是不會感覺到痛的。」

六祖說：「這就是了！生命是要超越一切世俗觀念，捨棄一切塵想與貪欲的。見與不見，又有什麼關係？痛與不痛，又能怎樣？無法擺脫軀殼的束縛，還談什麼生命的本源？」

六祖又說：「問路的人是因為不知道去路，如果知道，還用問嗎？你生命的本源只有自己能夠看到，因為你迷失了，所以你才來問我有沒有看見你的生命。生命需要自己把握，何必問我見或不見？」

神會默默禮拜合十。

在神會禪師雙手合十的剎那，你是否在一片智慧禪光中看到了自己呢？如星雲大師所言，做人應該做一面鏡子，時時刻刻通過對自身的關照來反省，不斷加深對自己的認識。而現實中，人們常常「認識諸世間，不能認識自己」，就像「不識廬山真面目，只緣身在此山中」。

一名僧人問智門禪師：「蓮花在尚未出水的時候是什麼樣呢？」

智門禪師回答說：「蓮花。」

僧人又問：「那出水之後呢？」

智門禪師：「荷葉。」

雪竇禪師恰巧從他們二人身邊經過，聽到他們二人的對話之後作了一首詩：「蓮花荷葉報君知，出水何如未出時，江北江南問王老，一狐疑了一狐疑。」

蓮花始終是蓮花，正如本來清淨的人之本性，但若不能正確認識，一疑才解，一疑又生，不能自己解決，反而事事求助他人，必然在疑惑叢生中迷失自我。

當人迷失在對自我的尋找中時，又怎能以一種坦然與平和的心境迎接生命更多的挑戰？

做一個明白人，首先要正確地認識並評價自己，既不可自卑，更不能自傲。每個人都是最優秀的，要擦亮眼睛去認識自己、欣賞自己，發現和重用自己，同時又要時刻提醒自己切不可得意忘形，每個人都不過是芸芸眾生中的一個，不過是偌大宇宙中的滄海一粟。

到底人要認識自己的什麼呢？星雲大師為困惑中的眾生列舉了六點：認識自己的環境，認識自己的能力，認識自己的學識，認識自己的因緣，認識自己的家世，認識自己的志趣。當然，這只是每個人需要瞭解的一部分而已。認識自我是一個循序漸進的過程，就好像人必須一步一步攀山越嶺，從山中走出來，才能在豁然開闊的視野中看清山的本來面目。

找到自己、認識自己，做一個明白人，才能有一個明朗的未來，到耄耋之年，才不至於悔恨，才不會覺得虛度此生。

遠看畫則美，遙望山更幽

星雲禪話

畫，遠看則美。
山，遠望則幽。
思想，遠慮則能洞察事物本末。
心，遠放則可少憂少惱。
……

在星雲大師眼中，某些情境之下，距離是能夠產生美的，對名利的疏遠尤甚，能夠給人帶來清明的心智與灑脫的態度。

人間佛語

「天下熙熙，皆為利來，天下攘攘，皆為利往。」從古至今，多少人在混亂的名利中喪失原則，迷失自我，百般掙扎反而落得身敗名裂。孔子說得好：「君子疾沒世而名不稱焉。」名利本為浮世重，古今能有幾人拋？

世間眾生，有幾人能夠在名利面前淡然處之，泰然自若？「世人都曉神仙好，惟有功名忘不了」，這是《紅樓夢》裡的開篇偈語，這一首《好了歌》似乎在訴說繁華錦繡裡的一段公案，又像是在告誡人們提防名利世界中的冷暖，看似消極，實則是對人生的真實寫照，即使在數百年後的今天依然如此。世人總是被欲望蒙蔽了雙眼，在人生的熱鬧風光中奔波遷徙，被名利這些身外之物所累。

那些把名利看得很重的人，總是想將所有財富收到囊中，將所有名譽光環攬至頭頂，結果必將被名韁利鎖所困擾。

一天傍晚，兩個非常要好的朋友在林中散步。這時，有位小和尚從林中驚慌失措地跑了出來，他們見狀拉住小和尚問：「小和尚，你為什麼如此驚慌，發生了什麼事情？」

小和尚忐忑不安地說：「我正在移栽一棵小樹，卻突然發現了一罈金子。」

他倆聽後感到好笑，說：「挖出金子來有什麼好怕的，你真是太好笑了。」然後，他們就問：「你是在哪裡發現的，告訴我們吧，我們不怕。」

小和尚說：「你們還是不要去了吧，那東西會害人的。」

這兩個人哈哈大笑，異口同聲地說：「我們不怕，你告訴我們它在哪裡吧。」

於是小和尚只好告訴他們發現金子的具體地點。他們飛快地跑進樹林，果然找到了那鐔金子。好大一鐔黃金！

一個人說：「我們要是現在就把黃金運回去，不太安全，還是等到天黑以後再運吧。現在我留在這裡看著，你先回去拿點飯菜，我們在這裡吃過飯，等半夜的時候再把黃金運回去。」於是，另一個人就回去取飯菜了。

留下來的這個人心想：「要是這些黃金都歸我，該有多好！等他回來，我一棒子把他打死，這些黃金不就都歸我了嗎？」

回去的人也在想：「我回去之後先吃飽飯，然後在他的飯裡下些毒藥。他一死，這些黃金不就都歸我了嗎？」

不多久，回去的人提著飯菜來了，他剛到樹林，就被另一個人用木棒打死了。然後，那個人拿起飯菜，吃了起來，沒過多久，他的肚子就像火燒一樣痛，這才知道自己中了毒。臨死前，他想起了小和尚的話：「小和尚的話真對啊，我當初怎麼就不明白呢？」

人為財死，鳥為食亡。

星雲大師說，好名之人必將被名枷捆綁，好利之人也會被利鎖縛住。名利，就像是一座美麗豪華舒適的房子，人人都想走進去，只是他們從未意識到，這座房子只有進去的路，卻沒有出來的門。枷鎖之所以能束縛人，房子之所以能困住人，主要是因為當事人不肯放下。放不下金錢，就做了金錢的奴隸；放不下虛名，就成了名譽的囚徒。

莊子在《徐無鬼》篇中說：「錢財不積則貪者憂；權勢不尤則夸者悲；勢物之徒樂變。」追求錢財的人往往會因錢財積累不多而憂愁，貪心者永不滿足；追求地位的人常因職位不夠高而暗自悲傷；迷戀權勢的人，特別喜歡社會動盪，以求在動亂之中借機擴大自己的權勢。而這些人，正是星雲大師所說的「想不開、看不破」的人，註定煩惱枷身。

權勢等同枷鎖，富貴有如浮雲。生前枉費心千萬，死後空持手一雙。莫不如退一步，遠離名利紛擾，給自己的心靈一片可以自由馳騁的廣袤天空，於曠達開闊的境界中欣賞美麗的世間風景。

自省如明鏡，觀照己身

星雲禪話

每個人都生活在內外兩個世界中，也具有向外發現和向內發現的兩種能力。向外是一個無比遼闊、精彩絕倫的世界，向內則是一個無比深邃、亟待挖掘的內心。觀察外部世界需要一雙明亮的眼睛，探究內心則需要清醒的頭腦和善於反省的意識。

然而，有一種人的眼睛只看到別人的缺點，卻看不到自己的缺點；嘴巴只講別人的過失，卻從不檢討自己。星雲大師說，這一類人不僅不肯反省，甚至會刻意掩藏自己的過失，又何談知錯能改呢？

人間佛語

自省像一面瑩澈而光亮的鏡子，它可以照見一個人心靈上的污濁。所以，一個明智的人，自然懂得「吾日三省吾身」的重要。

反省可以使人知己短，可使人保持清醒，可使人彌補短處，可使人糾正過失。「金無足赤，人無完人」，自我反省是極為重要的。真正懂得反省的人，經過時光的蕩滌，便能沖洗掉俗世中紛紛擾擾的塵埃，給自己一個美好單純的人生。

星雲大師說，現在很多人常常自作聰明地遮蔽自己的錯誤，不僅不肯認錯，還會為自己所犯的錯誤尋找各種各樣的藉口。星雲大師曾經舉例，當有的年輕人未能把吩咐給他的事情做好的時候，不僅不做自我檢討，反而會找來各種推辭，比如在行堂的時候打碎了碗，他並不認為這緣於自己的魯莽和冒失，反而會抱怨「地太滑了」、「磨石子路太硬，不方便走路」或者「碗太不堅固了」之類。他自作聰明地認為這些藉口似乎能夠堵住他人的責備，殊不知這只會讓自己變得更加可笑。

「沒有任何藉口」是美國西點軍校奉行的最重要的行為準則。它強調的是，要為成功找理由，不為失敗找藉口。一個人做任何事，如果出現了差池，只要他願意，總能找到完美的藉口，但藉口和成功卻不在同一屋簷下。

美國西點軍校有一個久遠的傳統，遇到學長或長官問話，新生只能有四種回答：

「報告長官，是！」

「報告長官，不是！」

「報告長官，沒有任何藉口。」

「報告長官，不知道。」

除此之外，不能多說一個字。比如長官問：「你認為你的皮鞋這樣就算擦亮了嗎？」新學員的第一個反應肯定是為自己辯解：「報告長官，剛才排隊時有人不小心踩到了我。」

但是這種下意識的辯解並不在四個「標準答案」裡，是不能令長官滿意的，學員只能回答：「報告長官，不是。」

長官又問：「為什麼沒有擦亮？」

學員沒有任何選擇，只能正視著長官的眼睛，回答說：「報告長官，沒有任何藉口。」然後接受任何形式的懲罰。

一個善於反省的人往往能及時發現自己的錯誤，也明白老老實實認錯是最明智的做法，而不是想法設法找理由為自己辯護。藉口不過是一個人做錯事的擋箭牌，是敷衍別人、原諒自己的護身符，是掩飾弱點，逃避責任的萬靈丹。而這些，只會讓一個人越來越糊塗，從而將所有的缺點自我掩蓋，以至於不知不覺間在泥潭中越陷越深。

在星雲大師看來，世間眾人無法像佛陀一樣獲得圓滿無瑕的德行，每個人都有缺點，這是難以避免的。但是如果有了缺點而不肯承認，不肯認錯就不能改正，不做改正又怎能進步呢？

所以，一個明智的人，應該把自省當做觀照自身的鏡子，衣冠不整時要在鏡子前整理儀容，愁眉緊鎖時要在鏡前調整心情。接受別人的指正，改正自己的過失，便能夠如無瑕的白璧一般，獲得高潔的人格。在我們自以為是、為自己尋遍理由時，自省就像一泓清泉，將思想裡的淺薄、浮躁、消沉、陰險、自滿、狂傲等污垢蕩滌乾淨，重現清新、昂揚、雄渾和高雅的旋律，讓生命重放異彩、生氣勃勃。

退步原來是向前

星雲禪話

既然人生時空本就是圓的，那麼，我們的世界，既有前面的半個世界，在我們的後面，還有另外半個世界，叫做「回頭」的世界。

星雲大師說：「懂得給自己留個退路，遇事才有轉圜的空間，如果處處將自己限定，將永遠走不出自設的死胡同。」

人間佛語

退一步海闊天空，退是一種積蓄的生命姿態。君不見，運動健將在衝跳之前往往有後退的姿勢；拉弓射箭必須架弓在弦上，呈屈退的狀態。只有這樣，才能跳得高、射得遠。

為人處世，亦如同參禪。退卻一步，才能衝得更遠；謙卑反省，才會爬得更高。

以退為進，是人生的一種大智慧。退步並不是忍讓和怯懦，而是堅韌和剛強，真正的大丈夫能屈能伸。退只是表象，蓄勢待發才是本質。

退步本身就是在前進，退是在積蓄前進的力量，正所謂磨刀不誤砍柴工。

一位學僧齋飯之餘無事可做，便在禪院裡的圍牆上作起畫來。畫中龍爭虎鬥，好不威風，只見龍在雲端盤旋將下，虎踞山頭作勢欲撲。但學僧描來抹去幾番修改，仍是氣勢有餘而動感不足。

正好無德禪師從外面回來，見到學僧執筆前思後想，最後還是舉棋不定，幾個弟子圍在旁邊指指點點，就走上前去觀看。學僧看到無德禪師前來，就請禪師點評。

禪師看後說道：「龍和虎外形不錯，但其秉性表現不足。要知道，龍在攻擊之前，頭必向後退縮；虎要上前撲時，頭必向下壓低。龍頭向後曲度越大，就能衝得越快；虎頭離地面越近，就能跳得越高。」

學僧聽後非常佩服禪師的見解，於是說道：「老師真是慧眼獨具，我把龍頭畫得太靠前，虎頭也抬得太高，怪不得總覺得動態不足。」

無德禪師借機開示：「為人處世，亦如同參禪的道理。退卻一步，才能衝得更遠；謙卑反省，才會爬得更高。」

另外一位學僧有些不解，問道：「老師！退步的人怎麼可能向前？謙卑的人怎麼可能爬得更高？」

無德禪師嚴肅地對他說：「你們且聽我的詩偈：手把青秧插滿田，低頭便見水中天；六根清淨方為道，退步原來是向前。你們聽懂了嗎？」

學僧們聽後，點頭，似有所悟。

無德禪師此刻在弟子們心中插滿了青秧，不知弟子們是否看見了秧田的水中天？

星雲大師說，世上有的人只知道前面的世界，只曉得向前邁進，卻不知後面還有一個更寬廣的世界。遇到困難不懂得轉身，不懂得回頭，經常撞得鼻青臉腫。進是前，退亦是前，何處不是前？在與他人發生衝突時，與其因為正面衝撞而阻斷了自己的去路，莫不如忍得一時，謙讓一步，與人方便，自己方便。

人常有一種錯誤的傾向：看高不看低，求遠不求近，殊不知「登高必自卑，行遠必自邇」的道理。日本有一位禪師曾做過這樣的譬喻：「宇宙有多大多高？宇宙只不過五尺高而已！而我們這具昂昂六尺之軀，想生存於宇宙之間，那麼只有低下頭來！」

有時候，退讓並不是完全消極，反而是積極轉進。只有低下頭來，才能看見水中天。

把心放空，才能包容萬有

星雲禪話

在禪宗的觀念中，空與有並非兩個完全對立的概念，宇宙萬有，因為虛空含納包容，所以能擁有日月星河的環繞；因為高山不揀擇沙石草木，所以成其崇峻偉大。

俗話說，海納百川，很多人將「大海」作為浩瀚胸襟的代名詞，而星雲大師認為人的心是大海與高山都不能比的，「解除心中的框架，把心放空，讓心柔軟，這樣我們才能包容萬物、洞察世間，達到真正心中萬有，有人有我、有事有物、有天有地、有是有非、有古有今，一切隨心通達，運用自如」。

人間佛語

默雷禪師有個叫東陽的小徒弟。

這位小徒弟看到師兄們，每天早晚都分別到大師的房中請求參禪開示，師父給他們公案，於是他也請求師父指點。

「等等吧，你的年紀太小了。」但東陽堅持要參禪，大師也就同意了。

到了晚上參禪的時候，東陽恭恭敬敬地磕了三個頭，然後在師父的旁邊坐下。

「你可以聽到兩隻手掌相擊的聲音，」默雷微微含笑地說道，「現在，你去聽一隻手的聲音。」

東陽鞠了一躬，返回寢室後，專心致志地用心參究這個公案。

一陣輕妙的音樂從窗外飄入。「啊，有了，」他叫道，「我會了！」

第二天早晨，當他的老師要他舉示隻手之聲時，他便演奏了藝妓的那種音樂。

「不是，不是，」默雷說道，「那並不是隻手之聲，隻手之聲你根本就沒有聽到。」

東陽心想，那種音樂也許會打擾自己。因此，他就把住處搬到了一個僻靜的地方。

這裡萬籟俱寂，什麼也聽不見。「什麼是隻手之聲呢？」思量之間，他忽然聽到了滴水的聲音。「我終於明白什麼是隻手之聲了。」東陽在心裡說道。

於是，他再度來到師父的面前，模擬了滴水之聲。

「那是滴水之聲，不是隻手之聲。再參！」

東陽繼續打坐，諦聽隻手之聲，毫無所得。

他聽到風的鳴聲，也被否定了；他又聽到貓頭鷹的叫聲，但也被駁回了。

隻手之聲也不是蟬鳴聲、葉落聲……

東陽往默雷那裡一連跑了十多次，每次各以一種不同的聲音提出應對，但都未獲認可。到底什麼是隻手之聲呢？他想了近一年的工夫，始終找不出答案。

最後，東陽終於進入了真正的禪定而超越了一切聲音。他後來談自己的體會說：「我再也不東想西想了，因此，我終於達到了無聲之聲的境地。」

東陽已經「聽」到隻手之聲了。

一旦仔細去聆聽那「隻手之聲」，人就踏上了心靈的解脫之旅，心感受到的萬物之豐富便會遠遠超過自己視線範圍之內的一切。內心豐富，卻亦可呈現一種空無的狀態，東陽在「無聲之聲」的境地中進入了真正的禪定，從「空無」中體驗到了「富有」。

星雲大師說：「虛空才能容萬物，茶杯空了才能裝茶，口袋空了才能放得下錢。鼻子、耳朵、口腔、五臟六腑空了，才能存活，不空就不能健康地生活了。像我們的對談，也要有這樣一個空間，才能進行。所以，空是很有用的。」

與其被滿滿的外物所累，何不索性全部放下，傾聽那無比奇妙的「隻手之聲」，獲得心靈的自由和解脫？

先做牛馬，再做龍象

星雲禪話

「恭敬謙和滿芬芳」，這是星雲大師提倡的為人處世應有的態度之一。所謂「敬人者，人恆敬之」，只有以一顆謙卑、恭敬的心對待他人，才能換來同等的對待；「做人低姿態，做事高水準」，才會贏得他人的認可。所以，做人應該像梅花一樣，在經歷了冬雪寒風之後，散發出撲鼻的香氣。

人間佛語

西方有這樣一首民謠：

丟失一個釘子，壞了一支蹄鐵；壞了一支蹄鐵，折了一匹戰馬；折了一匹戰馬，傷了一位騎士；傷了一位騎士，輸了一場戰鬥；輸了一場戰鬥，亡了一個帝國。

一個小小的釘子，本來微乎其微，但它決定了一個帝國的生死存亡。

生活中小小的細節往往能夠決定事情的成敗。所以，從微小處開始精心打磨，是成功之路上邁出的第一步。

佛教經典中有一句話：「欲為諸佛龍象，先做眾生牛馬。」龍像是神佛的乘騎，牛馬則是凡人的奴僕，雖然同是服務，但境界大不相同。

這句佛語箴言也道出了一個處世真諦：與其常常抬頭仰望光環炫目的大人物，不如踏踏實實地從眾生牛馬做起。攀爬是一道徐徐上升的軌跡，即使有時候速度不盡如人意，但是經過一種長年累月的資本積累，也必然能促進人的提升與完善。

俗話說，「玉不琢，不成器」，也是在說明這個道理。想擁有一件沒有瑕疵的玉器，需要長期精心雕琢與打磨，每個人都應該為自己的理想付出應有的努力。

眼光要遠，但腳步要近。星雲大師認為做人、做事、求學，都要放大眼光，但是不能好高騖遠，腳步要從近處開始，要腳踏實地。雖然每個人心中都有一個成為龍象的願望，但是必須從牛馬做起，從低處做起，從細節做起，這樣才會距離成功的頂峰更近。

有一天黎明，佛陀進城。

拜著。

在路上，佛陀看見一個男子，向著東方、南方、西方、北方，以及上方下方禮

佛陀問他：「你為什麼這樣做啊？」

那個男子說：「我叫善生，每天向六方禮拜，是家族傳下來的習慣。據說這樣做會得到幸福的。」

佛陀說：「我也禮敬六方，但與你不同。」

接著，佛陀慈祥地說了求得幸福的方法：「第一，孝順父母：做兒女的要孝養、順從，令父母歡喜、安慰；第二，敬重師長：做學生的要敬重師長，接受教導；第三，愛護夫妻：做一個好助手，夫妻要互相敬愛；第四，善待朋友：對待朋友要誠實、互敬；第五，尊敬僧眾：對待僧人要布施、恭敬；第六，善待僕人：對待僕人要寬大，不要令他過分疲倦。這六種人是我們生活中的人物，和他們相處得和諧，會有快樂的家庭、美滿的人生。否則，只是禮拜各方，有什麼用呢？」

善生聽了十分高興，從此參禪悟道，心中的幸福感日益增多。

佛陀所說的「獲得幸福」的方法其實很簡單，並沒有什麼神奇玄妙可言。但

是，這種簡簡單單做人的方法，世間眾生誰能夠完完全全地照做呢？

若想成功，就必須從身邊所有瑣碎的事情做起。當我們忽視了身邊很多現成的小事時，又怎麼能夠奢望生活給予我們更多的恩賜呢？

先學做人，再學做佛，這是世間不變的真理；先做牛馬，再做龍象，這也是顛簸不破的成功之路。

第五章

做慈悲人，點亮心燈的善緣

星雲大師常常面帶慈祥的笑容，他總是對弟子們說，我們的微笑，在他人眼中是美麗的；我們的讚美，在他人心底是溫暖的；我們的傾聽，在他人感覺裡是虔誠的。

懷慈悲心行慈悲事，凡夫俗子也能擁有一個輝煌的人生。

慈悲心最美

星雲禪話

彌蘭陀王曾向那先比丘求道：「請問大師，世間哪裡的水比大海之水更多呢？」

「比大海之水還要多的是佛法甘露的一滴水。」那先比丘回答說。

「為什麼？」彌蘭王百思不得其解。

「這一滴水，可以消除眾生罪業，洗淨身心，所以比大海之水更加有力、更加充沛。」

對這段公案，星雲大師做了這樣的解釋：法水清淨明澈，能洗滌眾生罪業，所以比大海之水更加有力、充沛。而世間之最美，皆由內心出發。美麗的容顏無法歷久不衰，美麗的心卻能永遠動人。唯有心善、心真、心慈，並顯現於外在的相貌、舉止、氣質才讓人動心。

人間佛語

你是否曾經從竹林旁經過？

幾場春雨過後，春筍從濕潤的泥土中探出頭來，鮮嫩的綠色瞬間充溢了全部的視野；初夏時節，竹林綠蔭成片，綠的葉，青的竿，投下一片濃濃的綠蔭；秋風拂過，竹林一片金黃，竹葉在微風的輕撫下翩翩起舞；隆冬來臨，積雪覆蓋之下，有無數生命正等待春暖花開。

星雲大師說，竹子是世間最美好的植物，它以根、枝、葉、莖豐富人之所需，以無私的奉獻，得到世人的普遍喜愛。夏竹迎風搖曳，有招風驅暑之妙；竹聲有如天籟，竹笛奏出美妙的樂曲，給人間平添悠揚旋律。竹子的自在，竹子的柔美，竹子的寧靜，竹子的節操，所謂「青青翠竹盡是法身」，正是修身養性之妙用。

竹子的品質，不僅體現在那高潔傲岸的情操，還在其默默奉獻的精神。「出世予人惠，捐軀亦自豪」，它以其短暫的一生，從根到梢，從竿到葉，默默地全部奉獻出來，無怪乎星雲大師對其給予毫不吝嗇的讚美。

佛陀降生於古印度，成道後，四處遊化，闡釋著人生的真理，廣說佛法之要，教化了無數的弟子。他就像是慈父，也如同黑暗中的一盞明燈！

這一天，佛陀親自巡視弟子的房間，看見一位比丘躺在床上，於是問道：「你的身體是否安好，心中是否有煩惱？」這位比丘很想向佛陀恭敬地禮拜，於是努力地想撐起身子，但是因為疲憊不堪，所以根本無法起身。

佛陀見狀，慈憫地來到比丘身旁慰問：「你怎麼病得這麼重，卻無人照顧呢？」比丘說：「出家至今，我生性懶散，看見病人也不曾細心照料、關懷他人，所以自己生病了，也就沒有人願意前來關心，我真是感到慚愧啊！」

佛陀聽完後，便親自清理比丘的排泄穢物，把比丘的房間打掃得乾乾淨淨。

這時帝釋天看到佛陀的慈心，也前來用水洗浴比丘的身體，而佛陀也以手輕輕地撫摸比丘。頓時，比丘身心安穩、全身舒暢，一切苦痛頓時化為清涼。佛陀這時對比丘說：「你出家至今甚為放逸，不知勤求出離生死、解脫煩惱，所以才會身染疾苦，希望你從今天起，要精進用功。」比丘聽後，便至誠地向佛陀頂禮懺悔：「佛啊！承蒙您的探望與庇佑，如果不是佛光普耀、慈悲攝受，恐怕弟子早已身亡，輪迴六道了。弟子從今日起，一定會發大心，上求佛道、普度群迷。」比丘真心懺悔並且精勤於道，後來即得證阿羅漢果。

佛陀不畏勞苦、不避污穢的行為感動了比丘，讓他從內心深處產生了一種向佛的力量，正是這種力量，敦促他修成正果。

佛法大乘菩薩道的精神，就是為利益一切眾生而有所作為，處處犧牲自我，成就他人，應如是布施，應萬緣放下，利益他人的身心。這才是生命的最高道德，也是宗教最閃耀的情懷，是世間最美麗的心靈。

播下慈悲的種子，世人都可享用豐碩的果實；留下幾句仁愛的語言，世間都將充滿溫暖的和風。種子探頭笑，和風拂柳枝，此中風情，此間美麗，都令人心中漾滿歡喜。

以柔克剛，可登峰造極

星雲禪話

古松蒼勁，高山巍峨，而這一切雄奇壯美的景象莫不與耐力相關，千百年風雨的吹打，數十載寒暑的磨煉，老松依然有自己的堅韌，山川仍然保持自己的壯美。

星雲大師認為，忍是智慧，是力量，能讓自己含藏著一股能擔當、接受、處理、面對的能力和勇氣，不以語言、暴力去抗拒，而是由內心一種柔和卻強大的力量化解。

這種柔和的力量，像是一股溫暖的春風，它輕輕吹過，冰河開凍，花木成行。

人間佛語

一天，南風和北風爭吵起來，它們都認為自己比對方更加強大，恰逢一位穿著大衣的老人從它們身邊經過，於是它們決定比試一下，看看誰能先讓老人把大衣脫下來。

北風首先發威了，它吹出凜凜寒風，一時間寒氣逼人，但是老人並沒有把大衣脫下來，反而將衣服裹得更緊，急匆匆地向前走去。

北風終於放棄了，它無可奈何地朝著南風聳了聳肩。

南風微微一笑，徐徐吹拂，漸漸的，天暖了起來，頗有幾分春暖花開的感覺，老人放慢了腳步，將大衣脫了下來。

這則出自法國作家拉封丹筆下的寓言被稱為「南風法則」或「溫暖法則」，與星雲大師的觀點有著異曲同工之妙，從中不難看出，溫和和友善的力量，有時候比暴力更強大。

柔和比暴力更強大，它並非是喪失原則的一味退讓，而是源自內心慈悲的一種高境界的堅守，從不曾劍拔弩張，卻依舊保持了應有的風範與淡定。

唐玄宗開元年間有位夢窗禪師，他德高望重，既是有名的禪師，也是當朝國師。

有一次他搭船渡河，渡船剛要離岸，這時從遠處來了一位騎馬佩刀的將軍，大聲喊道：「等一等，等一等，載我過去！」他一邊說一邊把馬拴在岸邊，拿了鞭子朝水邊走來。

船上的人紛紛說道：「船已開行，不能回頭了，乾脆讓他等下一班吧！」船夫也大聲回答他：「請等下一班吧！」將軍非常失望，急得在水邊團團轉。

這時坐在船頭的夢窗國師對船夫說道：「船家，這船離岸還沒有多遠，你就行個方便，掉過船頭載他過河吧！」船夫看到是一位氣度不凡的出家師父開口求情，只好把船撐了回去，讓那位將軍上了船。

將軍上船以後就四處尋找座位，無奈座位已滿。這時，他看見坐在船頭的夢窗國師，於是拿起鞭子就打，嘴裡還粗野地罵道：「老和尚！走開點，快把座位讓給我！難道你沒看見本大爺上船？」沒想到這一鞭子正好打在夢窗國師頭上，鮮血順著臉頰流了下來，國師一言不發地把座位讓給了那位蠻橫的將軍。

這一切，大家都看在眼裡，心裡是既害怕將軍的蠻橫，又為國師的遭遇感到不平，紛紛竊竊私語：將軍真是忘恩負義，禪師請求船夫回去載他，他還搶禪師的位子，並且還打他。將軍從大家的議論中，似乎明白了什麼。他心裡非常慚愧，不免心生悔意，但身為將軍的他卻拉不下臉面，不好意思認錯。

不一會兒，船到了對岸，大家都下了船。夢窗國師默默地走到水邊，慢慢地洗掉了臉上的血污。那位將軍再也忍受不住良心的譴責，上前跪在國師面前懺悔道：「禪師，我……真對不起！」夢窗國師心平氣和地對他說：「不要緊，出門在外難免心情不好。」

「出門在外，難免心情不好」，這句話中包含的寬容與善意，將對那位蠻橫將軍的內心產生怎樣的撞擊呢？夢窗國師用一句簡單的話感化了冒犯他的人，如春風化雨，這般風範，令人不得不肅然起敬。

柔和的力量是強大的：聲音柔和，就能夠滲透到更加遼遠的空間；目光柔和，輕輕拂過便能讓人感到友善；表情柔和，與人的溝通交流便更加容易。

兩千多年前，老子就曾經說過「柔勝剛，弱勝強」，正如以柔克剛的太極，在行雲流水般的自然柔和中，不知不覺間，已然登峰造極。

慈悲如心戒，不拘形式

星雲禪話

斑斕的蘑菇，看上去很美，但卻是有毒的，只能遠觀而不可品嘗；絢爛的花朵，芳香誘人，卻可能是捕食其他生命的陷阱。世間的美並非都與善相關，而所有的善行，即使沒有光鮮的外表，卻都是美麗的。

所以，有些看似嚴厲的行為卻是大慈大悲。星雲大師認為，慈悲很重要，但重要之處並不在於形式，而是發自內心的善，就如戒律之嚴在於心，而不全在參禪打坐之間。

人間佛語

有兄弟三人，雖然沒有出家，但是喜好打坐參禪，時日一久，為了求得更高的悟境，一起相約出外行腳雲遊。

有一天，在日落時他們借宿於一個村莊，恰巧這戶人家的婦人剛死去丈夫，帶了七個子女生活。第二天三兄弟正要上路的時候，最小的弟弟就對兩位哥哥道：「你們兩位前往參學吧！我決定留在這裡不走了。」兩位哥哥對於弟弟的變節行為非常不滿，認為他太沒有志氣，出外參學見到一個寡婦就動心想留下來，於是他們氣憤地拂袖而去。

寡婦看到弟弟一表人才，就自願以身相許。弟弟說：「你丈夫剛死不久，我們馬上就結婚實在不好，你應該為丈夫守孝三年，再談婚事。」三年以後，女方提出結婚的要求，弟弟再次拒絕道：「如果我和你結婚實在對不起你的丈夫，讓我也為他守孝三年吧！」三年後，女方又提出結婚要求，弟弟再度婉拒道：「為了彼此將來的幸福美滿，無愧於心，我們共同為你的丈夫守孝三年再結婚吧！」三年、三年、再三年，經過九年，這一戶人家的孩子都長大了，弟弟看到他助人的心意已完成，就和婦人道別，獨自走上求道的路，最終他修成了正果。

一個婦道人家要獨自撫育七個年幼的孩子實在不容易，幸好有人願意幫助她。弟弟雖然不入山打坐，但甘心幫助一家孤兒寡母，不為世間的五塵六欲所轉，反而將穢土轉變為淨域，可以說這位弟弟才是真正懂得佛的慈悲的人。而當初誤以為他貪戀女色的兩位兄長又怎麼懂得他內心的真實想法呢？

慈悲的方式多種多樣，只要出於慈悲、守住心戒，即使違背了修行中某些形式上的戒律，卻依然能修成正果。星雲大師曾經舉過這樣一個例子：

印度波斯匿王的王后末利夫人，平時穿著極為樸素，從來不裝扮自己，而且多年以來她恪守戒律，不食葷腥也不沾酒水。有一天，她卻穿著華美的服飾來到國王面前，懇請國王準備一桌酒席以享歡樂。波斯匿王雖然心中歡喜卻也困惑，不知道王后為何如此反常，於是忍不住問王后今日為何想要飲酒。

王后回答說：「最後一頓如此豐盛的美味，當然要和國王同享了。」

「為什麼是最後一頓？」

「聽說這位很會做菜的廚師，明天就要被砍頭了。不過既然他觸犯了您，也是死有餘辜。」王后故作漫不經心地回答。

國王這才想起昨天打獵歸來後，因為這位御廚怠慢了自己，便下令要殺他。經王后這一提醒，國王便趕緊下令饒恕了他，同時國王也明白了王后的一番良苦用心。

末利夫人以她的慈悲心挽救了御廚的生命，雖然看起來飲酒已經破戒，但是這種不顧個人，只為他人著想的胸懷，不正是慈悲的菩薩的行為嗎？

慈悲心，就像是苦海的舟船、黑夜的明燈，更是救世的良方。慈悲布施並不一定非要遵循某種固定的形式，只要守住心戒，形式不必拘泥。

你重要，他重要，我不重要

星雲禪話

對於慈悲，星雲大師常發願：願做一棵樹，給行路人乘涼；願是一道橋樑，讓眾生渡過河流到他們的目的地；願做一盞燈，給眾生光明及正確的方向。

人間佛語

在廣州白雲山能仁寺中有一副對聯，「不俗即仙骨，多情乃佛心」，佛本多情，將天下蒼生的喜憂福禍放在心中，這是禪法的心意。

佛本多情，時時惦記著天下蒼生。修禪者的心境，是以慈悲之心，普度眾生。佛法中的慈，是慈愛眾生並給予快樂；而悲則是同感其苦，憐憫眾生，並拔除其苦，二者合稱為慈悲。大慈大悲正體現了佛心的深情，一個真正成佛的人往往是用情最深的人。

佛的慈悲心就像是環繞周身的清新空氣，從來不曾遠離世間的所有生靈。

相傳釋迦牟尼佛在某世曾為薩波達國王。他日夜不斷，誠心誠意，鍥而不捨，精進地修行菩薩道，驚動了天界。帝釋天為了測試他的誠心，即令侍者化成一隻鴿子，自己則變成一隻鷹，在鴿子後面窮追不捨。

國王看到鴿子的危難情況，挺身而出，把鴿子放進懷裡保護著。老鷹吃不到鴿子，很是不滿，責問國王說：「我已經好幾天沒吃的了，再得不到吃的就會餓死。慈悲者不是以平等視眾生嗎？現在你救了牠的命，卻會害了我的命啊！」

國王道：「你說得也有道理，為了表示公平起見，鴿子身上肉有多重，你就在我身上叼多少肉吃吧！」

帝釋天使用法力使放在天平上的國王的肉總是比鴿子肉輕。但國王還是忍痛割下自己的肉，直到割光全身的肉，兩邊重量還是無法相等。最後國王只好捨身爬上天平以求均等。

看到修行者的捨身，老鷹、鴿子全部變回了原形。帝釋天問國王：「當你發現自己的肉已割盡，重量還是不相等，你是否有絲毫的悔意或怨恨之心呢？」

國王答道：「行菩薩道者應有難行難修、人溺己溺的精神，為了救度眾生的疾苦，即使犧牲生命也在所不惜，怎會有後悔怨恨之心呢？」帝釋天被他的慈悲心以及無畏的精神所感動，又使用法力，使他恢復了原來的健康。

鴿子的生命很重要，老鷹的饑飽也很重要，只有自己不重要，這種「我不入地獄，誰入地獄」的慈悲心使釋迦牟尼佛能夠坦然地捨棄自我，捨生取義救護眾生。

佛陀能以這樣的慈悲心待人，正是因為他心中自始至終都有一種「你重要，他重要，我不重要」的觀念。星雲大師也一直以此為自己生活修行的準則，他常常說，正因為內心對佛陀慈悲精神的無限敬仰與憧憬，並以此為言行準則，不知結了多少人緣，免除多少紛爭，給人多少希望，予人多少歡喜。所以，他一向提倡「你大我小，你有我無，你樂我苦，你對我錯」，若人人都能如此，人間有什麼問題不能解決呢？

當我們將手中的鮮花送與別人時，自己已經聞到了鮮花的芳香；而當我們要把泥巴甩向其他人的時候，自己的手已經被污泥染髒。與其在以自我為中心導致的疏遠冷漠中承受孤單，不如走出自我封閉的心門，在融洽的互相交往中感受快樂——彼此的快樂。

片語金箔，皆可布施

星雲禪話

做一個慈悲人，布施很重要。

布施不一定要施錢，有時候為人說一句好話，能為他人帶來不可思議的因緣；有時候只是幾口飯的布施，卻給他人帶來生命的重生與希望；有時候一個不經意的微笑，也能給人帶來溫暖的感受，所以布施的功德是無量的。

若按照星雲大師的指點布施，功德就如播種，將一粒種子播於泥土中，經過灌溉施肥，就能結出累累的果實。

人間佛語

在一個寒冷的冬夜，有一個乞丐到寺院裡找到榮西禪師，向他哭訴說家中妻兒已經多日不曾進食，眼看就要餓死了，不得已來請求禪師救助。

榮西禪師聽說後慈悲之心頓生，非常同情他的遭遇，但是自己身邊既無金錢，也沒有多餘的食物。他左右為難地環顧四周，突然看到了準備用來裝飾佛像的金箔。於是，他對乞丐說：「把這些金箔拿去換些錢，再給你的妻子孩子買些食物吧！」

乞丐離開之後，一直站在旁邊的弟子終於忍不住怨氣，對榮西禪師說：「師父，您怎麼可以對佛祖不敬呢？」

榮西禪師心平氣和地對弟子說：「我之所以這麼做，正是出於對佛祖的一片敬重之心啊！」

弟子憤憤地說：「這些金箔本來是用來裝飾佛像的，可您就這樣送給了乞丐，我們要用什麼來裝飾佛像呢？難道這就是您對佛祖的敬重之心嗎？」

榮西禪師正色說：「平日裡你們誦讀的經文，修習的佛法都到哪裡去了？難道沒有真正理解嗎？佛祖慈悲，割肉餵鷹、以身飼虎都在所不惜，我們怎麼能為了裝飾佛身而置人性命於不顧呢？」

真正的信仰，不是僅僅掛在嘴邊的，更不是頂禮膜拜。它應該存在於具體的事情之中，甚至存在於一件極普通、極平常的小事之中。真正慈善的人，不會拘泥於禮節和形式，他們會將自己的善念化為一汪清泉，讓其流進所有乾涸的心靈。榮西禪師布施的不僅是金箔，更是一顆慈悲心。這種發自內心的善意的關懷，定能帶給他人更多的溫暖。

其實，能夠布施的何止是金箔呢？一種思想，一種智慧，一種信念，一束光，一杯水，乃至一句話，都可以與人分享。

美國著名作家歐·亨利曾經在《最後一片葉子》裡講述的一個善意的謊言，同樣也是一種仁慈的布施。

一位窮學生瓊西身患肺炎，她看到窗外對面牆上的常春藤葉子不斷地被風吹落，心中充滿了憂傷。她說，當最後一片葉子落下時，自己的生命也將和它一起隕落。

住在隔壁的畫家貝爾曼聽瓊西的同學談起此事之後，在最後一片葉子落下之前的深夜，冒著暴雨，用自己心靈的畫筆在牆上畫出了一片「永遠不會凋落」的常春藤葉。

後來，瓊西的病痊癒了，而那位偉大的畫家卻因為在暴雨的晚上感染了肺炎，不久之後便永遠地闔上了雙眼。

善良的貝爾曼為瓊西編造了一個善良而真實的謊言，用一片精心勾畫的綠葉裝飾了那乾枯的生命之樹，維持了即將熄滅的生命之光。

在星雲大師眼中，一顆仁慈的布施之心有如日月，像冬天的太陽，像十五的明月，不但能為大地帶來光明，還能溫暖萬物，若能與這樣的仁慈之人交往，就如同寒冬裡受到太陽的照耀，如同黑夜裡有了明月的朗照。

以力折服，也是慈悲

星雲禪話

星雲大師說：「只要我們有一念之慈，萬物皆善；只要我們有一心之慈，萬物皆慶。一念慈悲，不會傷害萬物，萬物當然歡喜；一心來實踐慈悲，萬物受到愛護，當然就會慶倖。」

由此可見慈悲的重要性，然而，慈悲也必須以智慧為前導，否則便會弄巧成拙。只有慈悲，沒有智慧，好比飛鳥片翼、車輿單輪，無法飛翔行走，圓滿成功。沒有智慧引導的慈悲，便很可能會氾濫，所以在星雲大師眼中，真正的慈悲，不僅是微笑、讚美而已，有時嚴厲的折服也是慈悲。

人間佛語

一般來說，常常到寺院中拜佛的人會發現這樣的細節：一進山門，首先便會看到一尊彌勒佛，他笑容滿面，在山口歡天喜地地迎接所有信徒；但進入山門之後，便會看到威嚴的韋馱護法天將，他手拿金剛杵，身穿盔甲，面色嚴肅令人不由心生畏懼。

星雲大師說：「有的人在愛的慈悲鼓勵中可以進步，有的人在嚴厲的折服裡有所警惕。」所以，嚴厲有時候也是一種慈悲。為了開示眾生，星雲大師曾經在《十大弟子傳》中講述過這樣一個故事：

羅侯羅是佛教的第一個沙彌，他出家的時候只有十五、六歲。他年紀雖小，卻很聰明，悟性極高，頗得其他弟子的喜愛。然而，他卻有一個缺點，就是喜歡亂打妄語戲弄他人。

有一次佛陀外出，國王派了一位信者前來拜訪，信者見到在佛陀門外坐禪的羅侯羅，便恭敬地向他詢問佛陀在哪裡。羅侯羅隨手一指後院，便說佛陀正在那裡參禪。訪客信以為真地離去，羅侯羅忍不住哈哈大笑。

後來，這件事被佛陀知道了，他便將羅侯羅叫到身邊，吩咐他為自己端一盆洗腳水。

羅侯羅本來很緊張，為自己的錯誤惴惴不安，而且佛陀的表情極為嚴肅，與平時慈祥溫和的他判若兩人。羅侯羅一句話也不敢說，默默地端了一盆水過來，垂手站在佛陀身側。

佛陀洗過腳之後，指著盆裡的水問：「羅侯羅，這個盆子裡的水可以喝嗎？」

羅侯羅驚訝地睜大了雙眼，回答說：「當然不能。」

「為什麼不能喝呢？」

「這盆子裡的水已經洗過腳了，很髒，怎麼能喝呢！」

佛陀依舊很嚴厲，正色道：「難道你不覺得自己很像這盆水嗎？你天資聰穎、悟性極高，放棄了塵世的富貴生活皈依佛門，就像是原本清淨澄明的水一樣。而你卻不珍惜自己的天分，反而用妄語癡念擾亂自己的身心，出家人不打誑語，你卻以此為樂，就好比水中被沉入了污垢一樣。」

聽到佛陀如此嚴厲的訓斥，羅侯羅連頭也不敢抬。他默默地把水端到門外灑了，一進門佛陀又問：「你會拿這個盆來盛飯吃嗎？」

「不會。這盆洗過手足，沾有污穢，不能裝吃的東西。」羅侯羅小心翼翼地回答。

「既然如此，你為何不修戒定慧，淨身口意呢？既然你已經是佛門的弟子，便該謹遵佛門的教誨，否則，大道之糧怎麼能裝入你的心中呢？」佛陀說完，抬腳將盆輕輕地一踢，盆就在地上滾了起來。

羅侯羅從來沒有見過佛陀如此生氣，惶恐不安。

佛陀問：「是怕盆子被踢壞嗎？」

「不是。盆子是很粗的器物，壞了也不要緊。」

「佛門中人，萬事萬物都當珍惜，你如果不珍惜這個盆子，將來也沒有人會愛護你。你出家做沙門，不重威儀，戲弄妄言，這個行為導致的後果，將是誰也不愛護你，不珍惜你。即使你天資再高，也難以修成正果。」

在眾生心目中，佛陀一直是溫和的，然而在這個故事裡，他卻以極為嚴厲的態度對待羅侯羅。佛陀的訓斥看似苛刻，實際上卻是另一種慈悲，正如我們平常所說的「愛之深，責之切」。

其實，四季輪迴中也有同樣的道理。星雲大師說：「春天的和風，夏天的雨水，固然能使萬物生長；秋天的嚴霜，冬天的寒雪，也能使萬物成熟。」所以，真正的慈悲，既可以以愛的溫暖去感化，也可以用力的方式來折服。

第六章

做聰明人，橫吹笛子豎吹簫

聰明的人，懷歡喜心做歡喜事，自然成就歡喜的人生；愚癡的人，心揣黃蓮做苦事，終成煩惱的人生。世間萬事無不在自己的一念之間，一念天堂、一念地獄。

像星雲大師所言，做個聰明人，橫吹笛子豎吹簫，動聽的旋律便時刻環繞身畔。

弱者等待時機，強者創造時機

星雲禪話

人人都渴望得到好的機會，好機會不僅是通向成功的起點，更是每個人獲得快樂心情的契機。但是，好機會卻往往「千載難逢」。

所以，星雲大師曾說，所謂機會，需要緣分，也需要爭取。那麼，機會在哪裡呢？

「機會在心裡，在能力裡，在理想裡，在結緣裡。」

如果你正在等待機遇的垂青，正在期待快樂的降臨，那麼，不要求諸於人，先求自己吧！

人間佛語

有一種鳥，牠能飛越太平洋，依靠翅膀，依靠風，還有一小截不可缺少的樹枝。

從此岸到彼岸，是一段遙遠而漫長的旅程。出發時，牠會把樹枝銜在嘴裡。當牠累了，就會把樹枝放到水裡，然後站在上面休息一會兒；睏了，就在上面睡覺；餓了，就站在上面捕食。

誰能想到，一隻鳥飛越太平洋所依靠的僅僅是一截樹枝呢？這隻小小的鳥兒，難道不是生活的強者嗎？當牠等不到跨洋越海的順風船時，便聰明地為自己造了一艘由一截樹枝做成的船，乘風破浪，果斷前行。如果只是靜靜地等候所謂的「順風船」，只怕耗盡餘生也無法得償所願。

聰明人，不會把光陰消耗在無謂的等待中，他們總是能夠在過程中尋找到恰當的時機和方式，從而將一切推向高潮或導向更完美的福地。

有一隻灰兔正在山坡上玩，發現狼、豺、狐狸鬼鬼祟祟地向自己走來，急忙鑽到自己的洞穴中避難。灰兔的洞一共有三個不同方向的出口，為的是在情況危急時能從安全的洞口撤退。今天，狼、豺、狐狸聯合起來對付灰兔，牠們各自把守一個出口，把灰兔圍困在洞穴中。

狼用牠那沙啞的嗓子，對著洞中喊道：「灰兔你聽著，三個出口我們都把守著，你逃不了啦，還是自己走出來吧。不然我們就要用煙燻了，還要把水灌進去！」

灰兔想，這樣一直困在洞裡也不是個辦法，如果牠們真的用煙燻、用水灌，情況就更加不妙。忽然，灰兔靈機一動，想出了一個妙計。牠來到狐狸把守的洞口，對著洞外拼命地尖叫，就像被抓住後發出的絕望慘叫聲。

狼和豺聽到灰兔的尖叫聲，以為灰兔被狐狸抓住了。牠們擔心狐狸抓到灰兔後獨自享用，不約而同地飛奔到狐狸那裡，想向狐狸要回屬於自己的那份。聚到一起後，狼、豺、狐狸忽然意識到灰兔可能是用聲東擊西之計時，急忙又回到各自把守的洞口繼續把守。牠們哪裡知道，灰兔趁狼到狐狸那裡去的時候，早已飛奔出來，躲到了安全的地方。

灰兔把自己脫險的經過告訴了刺蝟，刺蝟說：「你真聰明，你是怎麼想出這個妙計來的呢？」灰兔說：「因為我知道，狼、豺、狐狸雖然結夥前來對付我，但牠們都有貪婪的本性，互不信任，各懷鬼胎，我正是利用了這一點。」

狡兔三窟也有被困在洞中的時候，如果靜候無疑等於坐以待斃，抓住對方的弱點，為自己尋找逃生的契機才是明智的選擇。

星雲大師說：「機會不是完全靠別人給予，也不會有上天賜予，機會還是要靠自己創造。」機會並非均等，但強者往往能夠依靠自己的能力穩穩地把握住自己生命的航向。

就像著名劇作家蕭伯納曾說過的話：「人們總是把自己的現狀歸咎於運氣，我不相信運氣。出人頭地的人，都是主動尋找自己所追求的運氣；如果找不到，他們就去創造運氣。」

懂得變通，不通亦通

星雲禪話

行走中的人，既要能夠看到遠處的山水，也要能夠近看自己腳下的路。「不計較一時得失，基於全景考慮而決定的變通」，往往是抵達目的地的一條捷徑。

星雲大師為身陷困境中的人們指出了一種明確的解脫之法：變通，既是為了通過，更是為了向前。

人間佛語

窮則變，變則通。佛教說人生本是苦海，人生亦有妙境。生命的長途中既有平坦的大道也有崎嶇的小路，聰明的人既嚮往大道的四通八達，也憧憬小路上的美麗風景；生命的輪轉中四季交替，既有姹紫嫣紅草長鶯飛的明媚春光，也有銀裝素裹萬木凋零的凜凜冬日，萬物生靈隨著季節的輪轉調整著自己的生存方式。

在生命的春天中，我們盡可以充分享受和煦的春風、溫暖的陽光；而遭遇寒冬之時，我們就要及時調整步調，不急不躁地把握住生命的脈動。

人的一生，總要經風歷雨，橫衝直撞，一味拚殺是莽士；運籌帷幄，懂得變通才是智者。

從前有一個窮人，他有一個非常漂亮的女兒。窮人家境拮据，妻子又體弱多病，不得已向富人借了很多錢。年關將至，窮人實在還不起欠富人的錢，便來到富人家中請求他拖延一段時間。

富人不相信窮人家中困窘到了他所描述的地步，便要求到窮人家中看一看。來到窮人家後，富人看到了窮人美麗的女兒，壞主意立刻就冒了出來。他對窮人說：「我看你家中實在很困難，我也並非有意為難你。這樣吧，我把兩個石子放進一個黑罐子裡，一黑一白，如果你摸到白色的，就不用還錢了，但是如果你摸到黑色的，就把女兒嫁給我抵債！」

窮人迫不得已只能答應。

富人把石子放進罐子裡時，窮人的女兒恰好從他身邊經過，只見富人把兩個黑色石子放進了罐子裡。窮人的女兒剎那間便明白了富人的險惡用心，但又苦於不能立刻當面拆穿他的把戲。她靈機一動，想出了一個好辦法，悄悄地告訴了自己的父親。

於是，當窮人摸到石子並從罐子裡拿出時，他的手「不小心」抖了一下，富人還沒來得及看清顏色，石子便已經掉在了地上，與地上的一堆石子混雜在一起，難以辨認。

富人說：「我重新把兩顆石子放進去，你再來摸一次吧！」

窮人的女兒在一旁說道：「不用再來一次了吧！只要看看罐子裡剩下的那顆石子的顏色，不就知道我父親剛剛摸到的石子是黑色的還是白色的了嗎？」說著，她把手伸進罐子裡，摸出了剩下的那顆黑色石子，感歎道：「看來我父親剛才摸到的是白色的石子啊！」

富人頓時啞口無言。

「重來一次」意味著窮人摸到黑、白石子的幾率仍然各占一半，而窮人的女兒則通過思維的轉換成功地扭轉了雙方所處的形勢。所以很多時候與其硬來，不如做出變通更有效果。當客觀環境無法改變時，改變自己的觀念，學會變通，才能在絕境中走出一條通往成功的路。

人生如同跳探戈

星雲禪話

當人們紛紛感歎「處世之難，難於上青天」時，星雲大師卻微笑著將人生比做一場華麗的舞會，聰明人往往選擇跳探戈，自始至終保持著優雅奔放、進退自如的姿態。

星雲大師認為，探戈是一種講求韻律節拍，雙方腳步必須高度協調的舞蹈。跳探戈與處世，有著許多異曲同工之處，親子、朋友、同事、上下級之間，如果能用跳探戈的方式彼此相處，彼此協調，知進知退，通權達變，不但要小心不踩到對方的腳，而且要留意不讓對方踩到自己的腳。這樣，人與人之間才能和睦相處，恰到好處。

人間佛語

清康熙年間，張英在朝廷任文華殿大學士、禮部尚書。他的老家在安徽桐城，與一吳姓為鄰。一日，張家從桐城給張英捎來一封信，說是張家與吳家因宅基地的畫線起了糾紛，想請張英出面處理此事。張英接信後，認為鄰里之間應以謙和禮讓為處世原則，便在信中回覆道：「千里修書只為牆，讓他三尺又何妨?萬里長城今猶在，不見當年秦始皇。」家人閱後，很明理地主動將自家的牆退後三尺。吳家人一見，很受感動，也主動將牆退後三尺。於是，兩家之間就出現了一條代表著禮讓和諧的六尺巷。兩家的互相謙讓，不僅讓出了一條通道，更讓出了融洽的鄰里關係，何樂而不為呢?!

在人際關係中，難免會出現衝突磨擦，難免會發生問題。有人說：只要有人的地方，就會有爭鬥。若想與他人和平相處，就要擁有一個良好的人際關係，在原則範圍內，偶爾的吃虧，偶爾的退讓，既是一種包容的胸懷，也是一個友好的訊號。若太過計較，雙方都將陷入泥潭而難以掙脫。

佛教講究善惡輪迴，因果報應。其實在現實生活中，這種所謂的「因果報應」

存在於自己身邊的每一個角落。

為人處世中，留三分餘地給別人，就是留三分餘地給自己。在足夠寬敞的空間裡，我們才能翩翩起舞，跳一支優雅的人生探戈。

律己宜嚴，待人宜寬

星雲禪話

心胸豁達開朗的人，凡事看得高、看得遠，不被眼前利益所蒙蔽，當然容易有成就；心量狹隘自私的人，處處與人計較，瑣碎小事就能擾亂他的心志，成功的可能性也就相對減少了。

所以，星雲大師認為，做人應該以恕己之心恕人，以責人之心責己，「一個真正的忍者，對待惡罵、打擊、毀謗都要有承擔、忍耐的力量」。人間最大的力量不是槍炮、子彈，不是拳頭、武力，人間最大的力量是忍，要做到「遭惡罵時默而不報，遇打擊時心能平靜，受嫉恨時以慈對待，有毀謗時感念其德」。

人間佛語

寬容，是胸襟博大者為人處世的一種人生態度。雨果曾說過：「世界上最寬闊的是海洋，比海洋更寬闊的是天空，比天空更寬闊的是人的心靈。」

總是對別人吹毛求疵的人，一定不是個受歡迎的人。

能容天下者，方能為天下人所容。據此看來，你若要彩虹，你就得寬容雨點，若是在雨點滴到身上的那一刻便勃然大怒，又怎麼能在彩虹出現的剎那擁有一種怡然自得的心情來觀賞那美麗的風景呢？

森林中有一條河流，河水湍急，不停地激起旋渦，奔向遠方。河上有一座獨木橋，窄得每次只能容一人通過。

某日，東山上的羊想到西山上去，而西山上的羊想到東山上去，結果兩隻羊同時上了橋，到了橋中心，彼此碰到了，誰也走不過去。

東山的羊見僵持的時間已很長了，而西山的羊照樣沒有退讓的意思，便冷冷地說道：「喂，你長眼了沒有，沒見我要去西山嗎？」

「我看是你自己沒長眼吧，要不，怎麼會擋我的道？」西山的羊脣相譏。

於是，兩隻互不相讓的羊開始了一場決鬥。

「碰」，這是兩隻羊的犄角相碰撞的聲音。

「噗通」，這是兩隻羊失足，同時落入河水中的聲音。

森林裡安靜了下來，兩隻羊跌入河中淹死了，屍體很快就被河水沖走了。

故事中的悲劇本來是可以避免的，只要有一隻羊後退到橋頭，等另一隻過後再上橋，兩隻羊便都會平安無事。可悲的是，山羊們都固執地認為狹路相逢勇者勝，不肯寬容和忍讓，最終都葬身河底。

「寬以待人」既是一種待人接物的態度，又是一種高尚的道德品格，它能夠化解人和人之間的許多矛盾，增強人和人之間的友好情感。同時，一個人如果能夠養成「寬以待人」的優良品德，就一定可以在同他人的相處中，嚴格要求自己，寬恕地善待他人，不斷提高自己的心靈境界，使自己成為一個道德高尚的人。

星雲大師說，世上只要有人的地方就有紛爭，尤其是有「我」有「你」再加個「他」，你、我、他之間的紛爭就更多了。所以，若能秉持「你好他好我不好，你大他大我最小，你樂他樂我來苦，你有他有我沒有」這四句偈語中含有的精神，人與人必能和諧相處。

拒絕也要留有餘地

星雲禪話

拒絕是一種藝術，當別人對自己有所希求而自己辦不到時，就不得不拒絕。拒絕往往是難堪的，但不得已要拒絕別人時，不妨聽從星雲大師的建議：

不要隨便地拒絕，不要無情地拒絕，不要傲慢地拒絕；要能委婉地拒絕，要有笑容地拒絕，要有代替地拒絕，要有出路地拒絕。

人間佛語

作家賈平凹曾經寫過一篇文章，教人學會拒絕，他在文章中講了一個故事：

有一個意志消沉的年輕人，去向一位禪師請教從痛苦中解脫的方法。

禪師說，你自己去悟一下，便會明白了。

一天以後，禪師問他是否有所悟，他搖頭，禪師便舉起戒尺打了他一下。

第二天，禪師又問，年輕人仍然不知，禪師又用戒尺打了他一下。

第三天，他再次向禪師表示沒有收穫，當禪師舉起戒尺打過來時，他伸手抓住了禪師的戒尺。

禪師不怒反喜，笑道：「你這不是已經悟出了解脫的方法嗎？就是拒絕痛苦啊！」

在人世間，每個人都要面臨相聚與分離，面對痛苦與喜悅，面對接納與拒絕。寬容是我們道德大廈中重要的橫樑，但拒絕也是不可缺少的支柱。從自身而言，要學會拒絕痛苦，拒絕一些本可以避免的心理問題；從他人而言，要學會拒絕一些無法完成的任務，給自己留下更加廣闊的空間，也避免因無法兌現自己的諾言而失信於人。

但是，拒絕需要方法，並不一定直接對對方說「不」。當你能夠遊刃有餘地運用拒絕的藝術時，就可以既解決了問題，實現了目的，又避免了雙方的尷尬。

以前，有一個國王，他有一個美麗的女兒，被視如掌上明珠。凡是公主要求的東西，國王從來都不會拒絕，就算她要天上的星星，國王也恨不得攀登天空，為公主摘下來。

一個春雨初霽的午後，公主帶著婢女徜徉於宮中花園。忽然間，公主的目光被荷花池中的奇觀吸引住了。原來池水的熱氣經過蒸發，正冒出一顆顆狀如琉璃珍珠的泡泡，渾圓晶瑩，閃耀奪目。公主看得入神忘我，突發奇想：「如果把這些泡泡串成花環，戴在頭上，一定美麗極了！」

她打定主意，於是跑回宮中，把國王拉到了池畔，對著一池閃閃發光的泡泡說：「父王！您一向是最疼愛我的，我要什麼東西，您都依著我。現在女兒想要把池裡的泡泡串成花環，戴在頭上。」

「傻孩子！泡泡雖然好看，終究是虛幻不實的東西，怎麼可能做成花環呢？父王另外給你找些珍珠水晶，一定比泡泡還要美麗！」國王無限憐愛地看著女兒。

「不要！不要！我只要泡泡花環，我不要什麼珍珠水晶。如果您不給我，我就不想活了。」公主哭鬧著。

束手無策的國王只好把朝中的大臣們集合於花園，憂心忡忡地說道：「各位大臣們！你們號稱是本國的智者，你們之中如果有人能夠用池中的泡泡，為公主編織美麗的花環，我便重重獎賞。」

「報告陛下！泡泡觸摸即破，怎麼能夠拿來做花環呢？」大臣們面面相覷，不知如何是好。

「哼！這麼簡單的事，你們都無法辦到，真是沒用！如果無法滿足我女兒的心願，你們統統提頭來見。」國王盛怒。

「國王請息怒，我有辦法替公主做成花環。只是老臣我老眼昏花，實在分不清水池中的泡泡，哪一顆比較均勻圓滿，能否請公主親自挑選，交給我來編串。」一位鬚髮斑白的大臣神情篤定地打圓場。

公主聽了，興高采烈地拿起瓢子，彎下腰身，認真地舀取自己中意的泡泡。本來光彩閃爍的泡泡，經公主輕輕一觸摸，霎時破滅，變為泡影。撈了半天，公主一顆泡泡也撈不起來。此事只好作罷。

顯然，公主泡泡花環的夢想是難以實現的，誰能將鏡中美麗的花朵採擷下來？又有誰能夠把水中動人的月影掬在手中？可是，當公主哭鬧，國王盛怒之時，直接拒絕無疑是最愚蠢的行為，甚至可能招致殺身之禍。所以，聰明的大臣運用了自己的智慧，通過委婉的方式讓公主自己領悟到泡泡是無法串成花環的。

委婉像是一道善意的門縫，給他人留下了出入的空間，同時也給自己的機遇留了一個入口。人生有很多機遇，都是因為你留下的這一道狹窄的空間，才固執地找上門來。

第七章

做灑脫人，隨緣安然

星雲大師常說做人當如水，灑脫的人生，有如山泉清流，渾然天成，不假造作，自然而流，不帶勉強。那淙淙的清泉，於山窮水盡處，百轉千迴，隨緣安然。任路遠道遙，澄澈見底，甘純清淨，可以滌人憂慮。

不是不關心，只是不動心

星雲禪話

「風吹雲動心不動，見到境界不動心。」禪的最高境界是心無外物，而人的終極自由是心靈的自由。只有做到不動心，才能得到真正超然物外的灑脫。

在星雲大師看來，「不動心」是一個人修養和定力的體現，若一個人無此定力，則可能被外境左右，隨外境而動搖，想獲得這種禪心，就要做到不為財動，不為情動，不為名動，不為謗動，不為苦動，不為難動，不為力動，不為氣動。

人間佛語

五色幢幡升空時迎風飄動，一僧說是幡動，一僧說是風動，六祖惠能從旁邊經過，笑曰：「既非風動，也非幡動，乃二僧心動。」

風動、幡動，都不過是外境的變遷。星雲大師說，不動心，才能時時與佛同在。

面對誘惑時，不能動心；面對批評時，也應保持欣然。

蘇東坡被貶謫到江北瓜州時，和金山寺的和尚佛印相交甚密，常常在一起參禪禮佛，談經論道，成為非常好的朋友。

一天，蘇東坡作了一首五言詩：「稽首天中天，毫光照大千；八風吹不動，端坐紫金蓮。」作完之後，他再三吟誦，覺得其中含義深刻，頗得禪家智慧之大成。蘇東坡覺得佛印看到這首詩一定會大為讚賞，於是很想立刻把這首詩交給佛印，但苦於公務纏身，只好派了一個小書僮將詩稿送過江去請佛印品鑒。

書僮說明來意之後將詩稿交給了佛印禪師，佛印看過之後，微微一笑，提筆在原稿的背面寫了幾個字，然後讓書僮帶回。

蘇東坡滿心歡喜地打開了信，一看之下，先驚後怒。原來佛印只在宣紙背面寫了兩個字：「狗屁！」蘇東坡既生氣又不解，坐立不安，索性擱下手中的事情，吩咐書僮備船再次過江。

哪知蘇東坡的船剛剛靠岸，卻見佛印禪師已經在岸邊等候多時。蘇東坡怒不可遏地對佛印說：「和尚，你我相交甚好，為何要這般侮辱我呢？」

佛印笑吟吟地說：「此話怎講？我怎麼會侮辱居士呢？」

蘇東坡將詩稿拿出來，指著背面的「狗屁」二字給佛印看，質問原因。

佛印接過來，指著蘇東坡的詩問道：「居士不是自稱『八風吹不動』嗎？現在怎麼一『屁』打過江呢？」

蘇東坡頓時明白了佛印的意思，滿臉羞愧，不知如何作答。

蘇東坡是古代名士，既有很深的文學造詣，同時也相容了儒釋道三家之長，但有時候，他也仍不能真正領悟到心定的感覺。

心動則生雜念，導致人很難認清自己。人難以認清自己，真心就像一面被灰塵遮蔽了的鏡子，無法清晰地映照出物體的形貌。真心不顯，妄心就會成為人的主宰。

只要我們有一顆不動的心，不生是非分別的夢想，不起憎愛怨親的顛倒，就能夠安穩如山，明淨如水，悠閒如雲，自在如風。

日日好日當惜時

星雲禪話

禪宗說：「日日是好日。」一生的幸福也往往來自每一日快樂的積累。如何才能過好每一日的生活呢？星雲大師說，每日說好話，每日行善事，每日常反省，每日多歡喜。只有今天把今天過好，明天把明天過好，才能一月一月、一年一年地過好，才會一生過好。日日是好日，每一日、每一分都理應珍惜。

人間佛語

兩千多年前，先聖孔子在河邊說道：「逝者如斯夫，不舍晝夜。」逝水是不會倒流的，時間也不會重返，所以若想在每一天都獲得充盈的快樂，就要有意識地珍惜從自己手指間溜過的每一秒鐘。

一寸光陰一寸金，寸金難買寸光陰。

時間就像是一陣風，來得快，去得也急；時間就像一頁書，看得快，翻得也快；時間就像一匹良駒，跑得快，過得也快。

法國文豪伏爾泰曾在《查第格》一書中寫下一個意味深長的謎：「世界上有樣東西是最長又是最短的，是最快又是最慢的，是最能分割又是最廣大的，是最不受重視又是最值得惋惜的；沒有它，什麼事情都做不成；它使一切渺小的東西歸於消滅，使一切偉大的東西生命不絕。」

對於這個謎，眾說紛紜，很多人都猜不透。

而書中的查第格則告訴了人們答案：「最長的莫過於時間，因為它永遠無窮無盡；最短的也莫過於時間，因為它使許多人的計畫都來不及完成；對於在等待的人，時間最慢；對於在作樂的人，時間最快；它可以無窮無盡地擴展，也可以無限地分割；當時誰都不加重視，過後誰都表示惋惜；沒有時間，什麼事情都做不成；時間可以將一切不值得後世紀念的人和事從人們的心中抹去，時間能讓所有不平凡的人和事永垂青史！」

這就是時間的珍貴所在啊！佛陀曾說過，生命就在一呼一吸之間而已。生命易逝，我們有什麼理由不珍惜時間呢？

人生百年，幾多春秋。向前看，彷彿時間悠悠無邊；猛回首，方知生命揮手瞬間。

時間是最平凡的，也是最珍貴的。金錢買不到它，地位留不住它，每個人的生命都是有限的。它一分一秒，稍縱即逝，與其每天長呼短歎，不如將其牢牢地把握，才能在有限的時間桎梏下獲得最大的自由、最灑脫的幸福。

那麼時間到底是什麼呢？時間對於不同的人有不同的意義。對於活著的人來說，時間就是生命；對於從事經濟工作的人來說，時間就是金錢；對於所有的人來說，時間就是千金難買的無價之寶。

時間最不偏私，給任何人都是每天二十四小時；時間也偏私，給任何人都不是每天二十四小時。最吝惜時間的人，時間對他最慷慨。抓住今天，才能不依賴明天！

不苦不樂的中道生活

星雲禪話

自由與快樂是每個人追求的人生境界。有的人追求物質的快樂，有的人追求享受自然的快樂，然而在佛教的觀點中，人生本就是苦海，無法脫離苦的本質，所以便有很多人在對快樂的追求中迷失了自我。

星雲大師認為，人在追求快樂時也要擁有智慧，「智慧就是對萬事萬物的豁達和穿透一切的力量。……別人看到外，你看到內；別人看到相，你看到理；別人看到點，你看到面。」唯有用自己的智慧去看待人生的苦樂，才能參透生活的真相，解決問題時才可做到四兩撥千斤。

人間佛語

曇照禪師是一位得道高僧，他面容慈祥，常常帶著微笑，生活態度非常積極。每次與信徒們開示時，他總是會說：「人生中有那麼多的快樂，所以要樂觀地生活。」

曇照禪師對待生活的積極態度感染著身邊的人，所以在眾人眼中，他儼然已經成為快樂的象徵。可是，有一次曇照禪師生病了，臥病在床時，他不住地呻吟道：「痛苦啊，好痛苦呀！」

這件事很快傳遍了寺院，住持聽說了，便忍不住前來責備他：「生老病死乃是不可避免的事情，一個出家人總是喊『苦』，是不是不太合適？」

曇照禪師回答：「既然這是人生必不可少的經歷，痛苦時為何不能叫苦？」

住持說：「曾經有一次，你不慎落水，可你在死亡面前依然面不改色，而且平時你也一直教導信徒們要快樂地生活，為什麼一生病就反而一味地講痛苦呢？」

曇照禪師向著住持招了招手，說：「你來，你來，請到我床前來吧。」

住持朝前走了幾步，來到他床前。曇照禪師輕輕地問道：「住持，你剛才提到我以前一直在講快樂，現在反而一直說痛苦，那麼，請你告訴我，究竟是說快樂對呢？還是說痛苦對呢？」

快樂與痛苦都沒有對錯。對這則故事，星雲大師解讀說：「人生有苦樂的兩面，太苦了，當然要提起內心的快樂；太樂了，也應該明白人生苦的真相。熱烘烘的快樂，會樂極生悲；冷冰冰的痛苦，會苦得無味；人生最好過不苦不樂的中道生活。」

過不苦不樂的中道生活不是我們每個凡夫都能做到的，但卻可以追求。人這一生，快樂與痛苦相伴而生，若一味享受快樂的精彩，必然會在安逸的陷阱中喪失警惕；若長期沉溺於痛苦的深淵，又將在絕望的泥沼中無法自拔。生活總是苦樂參半的，不要期待只有快樂而沒有痛苦，也不要偏執地認為人生毫無快樂可言。正視快樂的短暫，不迴避痛苦的現實，在快樂中保持清醒，在痛苦時積極應對，這才是智慧的人生。

「對於有智慧的人來說，春天不是季節，而是內心；生命不是軀體，而是心性。」睿智如星雲大師，不苦不樂的中道生活也源自於人內心的灑脫與淡定。一個人追求繁華容易，返璞歸真卻難；瀟灑地享受快樂容易，坦然地面對痛苦卻難。

人的心性就如一杯水，淡淡的清水裡沒有摻雜任何雜質，就能夠長久地保持潔淨的狀態，但如果在水中放入了一些酸甜苦辣的東西，這杯水很快就會變質。人的思想也是，想法越多越複雜，就越容易變質；而甘於現實的人，才能夠坦然地面對所有的苦與樂，享受不苦不樂的中道生活。

琴弦有短長，人生得妙曲

星雲禪話

世間萬物，各有其貌，才顯得繽紛多樣，異彩紛呈。人生亦是如此。

芸芸眾生都虔心站在佛座下，都是平等的，但是五個手指尚有短長，又怎能期待所有人都有同一張面孔，同樣的心情？所以星雲大師說：人人不盡相同，外表上有高低胖瘦的不同，才有賞心悅目的人間風景；智力上有賢愚巧拙的分殊，才有趣味橫生的社會百態。

若太過趨同，則容易陷入迷思，又怎麼達到身心的灑脫？

人間佛語

一棵小草，沒有參天大樹的偉岸身軀，卻依然是無限遼闊的草原中不可忽視的一道風景。

一條小河，奔流的前方只有斷崖殘壁，然而一瀉千里，卻成就了瀑布的氣勢磅礴。

一扇貝殼，柔軟的身體卻不得不承受不安分的沙礫的摩擦，然而終有一日，會有閃爍迷人的珍珠綻放出耀眼的光彩。

世間眾生，若一味地因自己的短處而放大痛苦，自然會與平凡生活中的快樂和成功擦肩而過。

星雲大師曾援引《華嚴經》所言：「如懸鏡高堂，無心虛招，萬像斯鑒，不簡妍媸，以絕常無常之靜心，照常無常之圓理。」世間萬象的妍媸（美好與醜惡）、巨微，都只是一種表象，若能正確對待自己以及他人的優缺點，必能遮去外界的干擾，得到心靈的安定和平靜。

春秋時期，晉國有一位著名的樂師名叫師曠，他生而無目，故自稱盲臣，又稱瞑臣。

師曠不僅善於彈琴，也通曉南北方的民歌和樂器調律。據說，當他彈琴時，馬兒會停止吃草，仰起頭側耳傾聽；覓食的鳥兒會停止飛翔，翹首迷醉，丟失口中的食物。晉平公見師曠有如此特殊才能，便封他為掌樂太師。

有一次，晉平公專門請人為師曠打造了一張特殊的琴，琴上的弦不僅長短一樣，甚至粗細都是一致的。琴做得非常漂亮，上面精心雕刻著各種精美的圖案，還鑲嵌了金銀美玉。

師曠試琴時，怎麼也無法彈出完整的旋律，於是便細細地摸索琴弦之後問道：「這張琴的琴弦難道是一樣的嗎？」

晉平公回答說：「是啊，這樣精緻的琴弦，應該是世間獨一無二的吧！樂師您雙眼已盲，否則一定會驚豔於這張琴的完美！」

師曠搖了搖頭，表情凝重地說：「大王，您錯了。一張琴，之所以能夠彈奏出動聽的音樂，正是因為它上面的琴弦有短有長，有粗有細。一張琴中的大小弦各有不同的作用，大弦為主，小弦為輔，互相配合，才能彈出和諧美妙的樂曲。」

師曠吩咐侍者搬出了他原來使用的琴，手指在琴上劃過，一串美妙的音符瞬時躍出，令人身心舒暢。

一張琴之所以能彈出高低音，是依靠琴弦的長短、粗細不同來實現的。按照星雲大師的觀點，像晉平公那樣僅為達到外表的和諧與完美，而刻意求同的做法是不可取的。

事物各有長短，書生儒冠可以在朝侍奉君主，卻不能躍馬馳騁，縱橫疆場；赤兔烏騅，能日行千里，但若將其放到屋裡捕鼠，牠們甚至比不上一隻小野貓；紫電青霜是天下聞名的鋒利寶劍，若借給木匠用來做木工活，可能還不如一把普通的斧頭。

「梅須遜雪三分白，雪卻輸梅一段香。」宋代詩人盧梅坡借梅雪之爭，告誡眾生：人各有所長，也各有所短，這是自然之理，不必過於執著。取人之長，補己之短，才是正理，才得灑脫。

不為世俗羈絆，平生自得快活

星雲禪話

在這個世界上，每個人每天同樣擁有二十四小時，有的人活得很愜意，有的人卻過得很苦惱。如何才能隨性灑脫地生活？

星雲大師為困惑中的人們指明了正確的方向：對感情要不執不捨，對五欲要不拒不貪，對世間要不厭不求，對生死要不懼不迷。

人間佛語

「幸為福田衣下僧，乾坤贏得一閒人；有緣即住無緣去，一任清風送白雲。」這是百丈懷海禪師曾作的一首禪詩。在乾坤天地之間，有一個清閒自在的人，沐浴陣陣清風，仰觀縷縷白雲，隨性而來，隨緣而去，多麼瀟灑自在！此中情境，令人嚮往。

什麼是真正的自在？

看看呱呱墜地的嬰兒，生下來都是兩手緊握，彷彿想要抓住些什麼；看看垂死的老人，臨終前都是兩手攤開，撒手而去。命運是何等的弄人？當他雙手空空來到人世的時候，偏讓他緊攥著手；當他雙手滿滿離開人世的時候，又偏讓他撒開手。

既然如此，不如將一切放下。

唐代有一位豐干禪師，住在天臺山國清寺。一天，他在松林漫步，山道旁忽然傳來小孩啼哭的聲音，他尋聲望去，原來是一個稚齡的小孩，衣服雖不整，但相貌奇偉。豐干禪師問了附近村莊人家，沒有人知道這是誰家的孩子。豐干禪師不得已，只好把這男孩帶回國清寺，等待人家來認領。因為他是豐干禪師撿回來的，所以大家都叫他「拾得」。

拾得在國清寺安住下來，漸漸長大以後，上座就讓他做行堂（添飯）的工作。時間久後，拾得也交了不少道友，其中與一個名叫寒山的貧子，相交最為莫逆，因為寒山貧困，拾得就將齋堂裡吃剩的飯用一個竹筒裝起來，給寒山背回去。

有一天，寒山問拾得說：「如果世間有人無端地誹謗我、欺負我、侮辱我、恥笑我、輕視我、鄙賤我、惡厭我、欺騙我，我要怎麼做才好呢？」

拾得回答道：「你不妨忍著他、謙讓他、任由他、避開他、耐煩他、尊敬他、不要理會他。再過幾年，你且看他。」

寒山再問道：「除此之外，還有什麼處世祕訣，可以躲避別人惡意的糾纏呢？」

拾得回答道：「彌勒菩薩偈語說——

老拙穿破襖，淡飯腹中飽，補破好遮寒，萬事隨緣了；

有人罵老拙，老拙只說好，有人打老拙，老拙自睡倒；

有人唾老拙，隨他自乾了，我也省力氣，他也無煩惱；

這樣波羅蜜，便是妙中寶，若知這消息，何愁道不了？

人弱心不弱，人貧道不貧，一心要修行，常在道中辦。

如果能夠體會偈中的精神，那就是無上的處世祕訣。」

有人謂寒山、拾得乃文殊、普賢二大士化身。台州牧閭丘胤問豐干禪師，何方有真身菩薩？告以寒山、拾得，胤至禮拜，二人大笑曰：「豐干饒舌，彌陀不識。」意指豐干乃彌陀化身，惜世人不識。說後，二人隱身岩中，人不復見。胤遣人錄其二人散題石壁間詩偈，今行於世。

寒山、拾得二大士不為世事纏縛，灑脫自在，其處世祕訣確實高人一等。

生活對於每個人來說，蘊藏著無限的哲理與深意，它就像一本書，只有用心去讀，才能品味到生活中的學問。只有駕馭生活中的真理，眼光才能看得更遠；深知生活中的訣竅，才能活得自在、灑脫。生活閃現著智慧與學問，只有用心去領悟，才能體驗到自在的真諦。

竹杖芒鞋輕勝馬，饑來吃飯睏來眠，觀潮起潮落，看清風送雲。這又何嘗不是禪者的智慧生活呢？

鉛華洗盡，才有持久的美麗

星雲禪話

世上最累人的事，莫過於虛偽地過日子。做真實的自己，活出自己的性格，才能得到發自內心的快樂。

然而，很多時候，迫於世俗的種種壓力，真實的自我往往裹著厚厚的外衣，讓人無法看到真正的面目。在星雲大師眼中，濃妝豔抹固然別有風韻，但素面朝天同樣令人心怡。

人間佛語

某一天，真實和謊言一起到河邊洗澡。真實細緻地刷洗著自己身上的污垢，而謊言則匆匆忙忙地洗完澡獨自上了岸。

它偷偷穿上了真實的衣服，悄悄地溜走了。當真實上岸之後，找不到自己的衣服，卻也不願意穿謊言的衣服，於是只好一絲不掛地走回去，一路尋找著謊言。

從此，人們錯把穿著衣服的謊言當做真實，百般敬重；而真實則因為一直赤身裸體而遭受別人的白眼和不屑。

披著「真實」外衣的「謊言」贏得了人們的尊重，而這些人，也必然會為自己輕率的判斷付出代價，因為真實與謊言的最終結果，必然是「真實歸於真實，謊言歸於謊言」，正如佛教所說：「佛界的歸於佛界，魔世的歸於魔世。」

一個謊言需要一千個謊言來維持，這正是星雲大師之所以認為虛偽過日子是世上最累人的事的原因。不管多麼周密的謊言，總有一天會在陽光的照射下被揭穿。而赤裸裸的真實，也總能夠綻放出自己華美的光彩。

濃妝豔抹的風姿雖然能夠在第一時間吸引住別人的目光，但洗淨鉛華後的本色才更加持久。

浪漫和現實是一對相識已久的戀人。

一次，為了考察現實對自己的忠誠程度，浪漫問：「你到底愛不愛我？」

「十二分地愛你！」現實回答。

「那假設我去世了，你會不會跟我一起走？」

「我想不會。」

「如果我這就去了，你會怎樣？」

「我會好好活著！」

浪漫心灰意冷，深感現實靠不住，一氣之下和現實分開了，去遠方尋覓真愛。

浪漫首先遇到了甜言，接著又碰見蜜語，相處一年半載後，均感不合心意。過煩了流浪的日子，浪漫通過比較，覺得現實還是多少出色一些，就又來到現實身邊。

此時，現實已重病在床，奄奄一息。

浪漫痛心地問：「你要是去世了，我該怎麼辦呢？」

現實用最後一口氣吐出一句話：「你要好好活著！」

浪漫猛然醒悟。

現實給的答案雖然並不能讓人動心，但我們卻無法不為它的真實所震撼。真正的浪漫，源自愛，也源自責任，甜言蜜語固然能讓人得到一時的快樂，可是，它卻不能成為終身的依靠。

愛情如是，世間萬事哪一件不是如此？

人的生命很脆弱，從牙牙學語到撒手人寰，短暫的幾十年我們從輕狂到滄桑，從迷戀剎那間流螢煙火的璀璨到回歸理性的沉靜，從喜歡濃重的斑斕色彩到摯愛著黑與白的變奏，這是生命成熟的必經階段，也是鉛華洗盡之後驟然的覺悟。

就像我們總是為路邊默默開著的野花而感動，它們不施粉黛，無人寵愛，只有大自然的風吹日曬，間或有行人投去匆匆一瞥。它們一簇一簇地開放，平凡而美麗，不為驚歎的讚美，只為平凡的一生。

美麗，在洗淨鉛華之後，永恆綻放！

第八章

做積極人，剪修生命的荒蕪

星星會隕落，鑽石也會粉碎，唯有積極的人生信仰，水漂不走，火燒不盡，惡風傾動不了。在星雲大師眼中，一個積極的人當時常剪修生命中的荒蕪，唯有如此，才能任憑人間蝶去鶯飛，心田自有桂樹半畝。

不偷浮生半日閒

星雲禪話

天行健，君子以自強不息。

星雲大師說，人活著，不是為了一宿三餐；生命的意義，也不是在於奔走鑽營；生命的價值，更不在於本身的條件優劣。

上天有好生之德，人間有貧富貴賤，但生命是同等寶貴的。

如此寶貴的生命，我們又該如何看待呢？

人間佛語

「終日昏昏醉夢間，忽聞春盡強登山。因過竹院逢僧話，偷得浮生半日閒。」

這是唐代詩人李涉所作的《題鶴林寺壁》。人失意之時，都希望能偷得半日空閒，在身心的放鬆中得到調整，然而星雲大師認為人生的每一秒鐘都應該好好把握，不能將心靈的放鬆等同於無謂的懈怠。

有一天，佛祖把弟子們叫到法堂前，問道：「你們說說，你們天天托缽乞食，究竟是為了什麼？」

「世尊，這是為了滋養身體，保全生命啊。」弟子們幾乎不假思索地回答。

「那麼，肉體生命到底能維持多久？」佛祖接著問。

「有情眾生的生命平均大約有幾十年吧。」一個弟子迫不及待地回答。

「你並沒有明白生命的真相到底是什麼。」佛祖搖了搖頭。

另外一個弟子想了想，說：「人的生命在春夏秋冬之間，春夏萌發，秋冬凋零。」

佛祖還是笑著搖搖頭：「你覺察到了生命的短暫，但只是看到生命的表象而已。」

「世尊，生命就像蜉蝣一樣，朝生暮死，充其量只不過一晝夜的時間！」又一個弟子答道。

「喔，你已認識了佛法的肌理，但還不到究竟。」佛祖再次加以否定。

弟子們面面相覷，一臉茫然，都在思索另外的答案。這時一個燒火的小弟子怯生生地說道：「依我看，人的生命恐怕是在一呼一吸之間吧！」佛祖聽後連連點頭微笑。

人的生命可以延續多長時間呢？佛祖的小弟子給了我們一個答案，生命就在一呼一吸之間。生命易逝，我們有什麼理由不珍惜時間呢？

人是惜命的，希望生命長久，才會有那麼多帝王將相苦覓長生之道，卻依舊無法改變生命短暫的事實；人是有貪欲的，也是有惰性的，才會有那麼多「鳥為食亡」的悲劇發生；而人又是爭上的，才會有那麼多人只爭朝夕，從不鬆懈。

世界上，只有時光和空間才是恆定的主人，人只不過是匆匆的過客。陸機在《短歌行》中曰：「人壽幾何？逝如朝霜。時無重至，華不在陽。」的確，我們的生命就正如孔夫子腳下的流水「逝者如斯夫」，就像時鐘的分針秒針都在滴滴答答不停地走著，甚至就像米蘭·昆德拉所說：「我討厭聽我的心臟的跳動，它是一個無情的提示，提醒我生命的分分秒秒都被點著數。」

生命是虛無而又短暫的，它在於一呼一吸之間，在於一分一秒之中，它如流水般消逝，永遠不復回。所以，當我們每天清晨從睡夢中醒來時，都應該感謝生命，感謝生活賜予了我們嶄新的朝陽，嶄新的熹光，嶄新的夕陽。

生命短暫得如一顆流星，你稍不留神就與它擦肩而過。浪費生命是人生最大的悲劇，讓我們每一天都在心靈的思索與生命的行走中獲得充實的快樂吧！

理想讓人生輕舞飛揚

星雲禪話

俗話說：「行道要如水，立志要如山。不如水，不能曲達，不如山，不能堅定。」對生活懷有積極態度的人，也往往是胸中有志的人。他們的理想可以大如一座山峰，迎向風雨、傲視霜雪而巍峨不倒，也可以小到如一株野草，嫩葉匍匐在塵埃，根脈卻伸向大地。

當談到理想時，星雲大師曾經感慨地說道，當今的青年最缺少的就是理想和抱負，而理想卻是正當的希望，力量的源泉，快樂的國土。所以，一個人的理想可以不遠大，但卻不可缺少，否則就會變得鼠目寸光，以至於一生碌碌無為。

人間佛語

每一個懷有積極態度的人，都有自己的理想，無論大小，無論清晰或者模糊，總有一個夢潛伏心底。夢想就像是沙灘上美麗的鵝卵石，陶冶著心靈，卻硌痛了雙腳，讓人沒有任何駐足的機會，只能起步飛揚，奔向夢想的遠方。

星雲大師認為，佛教雖然講究眾生平等，但是根據一個人對理想的態度，也可以將人分為上根、中根、下根三種等級。他解釋說：上根的人將人生理想奉為做事的準則，為理想而辛苦工作，甚至奉獻犧牲，在上根的人眼裡，夢想能否實現並不重要，重要的是在行走的路上為理想付出一切；中根的人認為理想過於虛幻，因此更願意憑經驗踏踏實實做事，而很少會提前為自己設定某種目標；下根的人，憑需要而生活，所以只會為了自己的需要而努力生活，只講需要而不談理想和經驗，就如憑本能而生活的其他動物一般。

一個沒有理想與抱負的青年，便沒有未來。所以，星雲大師十分重視理想的力量，認為一個人要有抱負，有理想。人有了理想之後，工作就不會覺得辛苦，吃點虧也不會去計較，生活中也會增加很多力量。

在法國有一個普通的郵差，每天奔走在各個村莊之間，為人們傳送著郵件。一天，他在山路上不小心摔倒了，不經意間發現腳下有一塊奇特的石頭，看著看著，他有些愛不釋手，最後他把那塊石頭放進了郵差包。

村民們看到他的郵差包裡有一塊沉重的石頭，都感到很奇怪。

他取出那塊石頭晃了晃，得意地說：「你們有誰見過這樣美麗的石頭？」人們搖了搖頭：「這裡到處都是這樣的石頭，你一輩子都撿不完的。」可是，他並沒有因為大家的不理解而放棄自己的想法，反而想用這些奇特的石頭建一座奇特的城堡。

此後，他開始了另外一種全新的生活。白天，他一邊送信一邊撿這些奇形怪狀的石頭；到了晚上，他就琢磨用這些石頭來建城堡的問題。

所有的人都覺得他是瘋了，因為這幾乎就是不可能的事。

二十多年以後，在他的住處出現了一座錯落有致的城堡，可在當地人的眼裡，他是在幹一些如同小孩建築沙堡一樣的遊戲。

二十世紀初，一位記者路過這裡發現了這座城堡，這裡的風景和城堡的建造格局令他慨歎不已，記者為此寫了一篇文章。文章刊出後，郵差希瓦勒和他的城堡就成為人們關注的焦點，甚至藝術大師畢卡索也專程拜訪。

今天，這個城堡已成為法國最著名的風景旅遊點之一。

據說，那塊當年被希瓦勒撿起的石頭，被立在入口處，上面刻著一句話：「我想知道一塊有了願望的石頭能走多遠。」

一個有理想、有熱情，對生活充滿期待並肯為之付出努力的人，不僅能將自己的理想化為現實，就連石頭也能在其感召下開始遠行。

理想，可以引導一個人走上正途。所謂「哀莫大於心死」，在星雲大師看來，一個人最悲哀的事情就是沒有理想。一個沒有希望的人，眼前將始終暗淡無光。他說：「就算貓狗，也希望有美好的三餐；就算花草，也希望朝露的滋潤；何況萬物之靈的人類，怎能沒有正當的希望，怎麼沒有崇高的理想？」

美國有一位哲人曾經說過：「很難說世上有什麼做不了的事，因為昨天的夢想可以是今天的希望，還可以是明天的現實。」理想是每個人生命中不可或缺的部分，沒有淚水的人，他的眼睛是乾涸的；沒有夢想的人，他的世界是黑暗的。懷揣理想，人生也可輕舞飛揚。

切忌不耐煩而無恆

星雲禪話

星雲大師常常將身心浮躁的人比作滾動的石頭，而滾動的石頭是無法長出苔蘚，從而也很難成為堅固不移的磐石。現在的年輕人，往往缺少耐心，在一個地方住久了就開始厭倦，讀書讀久了也不耐煩，工作時間不長就計畫著跳槽。

「不耐煩」的毛病病因在於「無恆」，而恆心對於人生卻是極為重要的。星雲大師開示：「因為耐煩有恆，讀書才會通曉；因為耐煩有恆，做人才能通達；因為耐煩有恆，修行才有成就；所以說『耐煩做事好商量』。」

人間佛語

俗話說：「有恆為成功之本。」無論做任何事情，恆心都是不可缺少的。如果不耐煩而沒有恆心，即使掘井九仞，如果不再繼續，仍然沒有水喝，所有的努力到最後都會功虧一簣。持之以恆的人會在人生的後程發力，經過長時間的積蓄，厚積薄發，往往能笑到最後。

在星雲大師的故鄉，曾經有一位年輕貌美的信女，她的母親得了一場重病，當所有人都覺得老人在劫難逃時，她的母親卻奇跡般地康復了。信女相信這是由於觀音菩薩的保佑，因此發願要用頭髮來繡一尊二丈高的觀音聖像。六十年過去了，當這位年輕貌美的小姐已經變成老態龍鍾的老太婆時，這幅神態莊嚴、面相慈祥的觀音聖像也終於繡好了，此時，她那一雙秋水般的眼睛也早已瞎了。當有人大歎「不值」時，她卻淡定地微笑著。時至今日，依然有人為她的持之以恆的精神所感動，連星雲大師都不由得讚歎：「她的耐煩有恆，更不是常人所能及的！」

人生的定論並非單純是由個人稟賦決定的，一個人，只有保持堅毅的決心，付出努力，才能一步步接近成功的終點。

弟子們問禪師：「老師，如何才能成功呢？」

禪師對弟子們說：「今天咱們只學一件最簡單也是最容易的事。每人把胳膊儘量往前甩，然後再儘量往後甩。」說著，禪師示範了一遍，說道：「從今天開始，每天做三百次。大家能做到嗎？」

弟子們疑惑地問：「為什麼要做這樣的事？」

禪師說：「做完了這件事，一年之後你們就知道如何能成功了！」

弟子們想：「這麼簡單的事，有什麼做不到的？」

一個月之後，禪師問弟子們：「我讓你們做的事，有誰堅持做了？」大部分的人都驕傲地說道：「我做了！」禪師滿意地點點頭說：「好！」

又過了一個月，禪師又問：「現在有多少人堅持著？」結果只有一半的人說：「我做了！」一年過後，禪師再次問大家：「請告訴我，最簡單的甩手運動，還有幾個人堅持著？」這時，只有一人驕傲地說：「老師，我做了！」

禪師把弟子們都叫到跟前，對他們說：「我曾經說過，做完這件事，你們就知道如何能成功了。現在我想要告訴你們，世間最容易的事常常也是最難做的事，最難的事也是最容易的事。說它容易，是因為只要願意做，人人都能做到；說它難，是因為真正能做到並持之以恆的，終究只是極少數人。」

後來一直堅持做的那個弟子成為了禪師的衣缽傳人，在所有的弟子中只有他成功了！

從這個故事中，我們不難看出，人的成長是一個漫長的較量過程，能否取得最後的勝利，不在於一時的快慢。如果你能夠在自己成長的道路上靜下心來，遇到困難不氣餒、不灰心，矢志不移地前進，那麼你必將獲得最後的勝利。

從古至今，所有追求成功的人都必然付出長久的努力，漢朝的董仲舒，青年時代立志向學，三年不窺園，終於成為一代名儒學者；晉朝王羲之，臨池磨硯，終於成為曠古書法大家。世上無難事，只怕有心人。持之以恆，便沒有爬不上的高峰，也沒有跨不過的溝坎。

安逸是人生的無底陷阱

星雲禪話

在紅塵中打滾多年的人，常常希望獲得一份安逸的生活，卻容易忘記「居安思危」的道理。

星雲大師提醒身處安逸中的人們：人在安逸中常常忘記了自己的使命，甚至原來的自己；在安逸中常常不能忍受挫折，心也容易受影響、受波動；在安逸中自己的信心也很容易流失，甚至失去原本光明的本性。所以，居安思危，安逸之人一定要守住自己的本心。

人間佛語

有兩隻老虎，一隻在籠子裡，一隻在野地裡。

在籠子裡的老虎三餐無憂，在野地裡的老虎自由自在。

籠子裡的老虎羨慕野地裡老虎的自由，野地裡的老虎卻羨慕籠子裡老虎的安逸。

一日，一隻老虎對另一隻老虎說：「咱們換一換。」另一隻老虎同意了。

於是，籠子裡的老虎走進了大自然，野地裡的老虎走進了籠子。從籠子裡走出來的老虎高高興興，在曠野裡拚命奔跑；走進籠子裡的老虎也十分快樂，牠再也不用為食物發愁了。

但不久，兩隻老虎都死了。

一隻是饑餓而死，一隻是憂鬱而死。從籠子中走出的老虎獲得了自由，卻沒有同時獲得捕食的本領；走進籠子的老虎獲得了安逸，卻沒有獲得在狹小空間生活的心境。

籠子中的老虎在長期安逸的生活中喪失了求生本領，籠子外的老虎則無法適應那種失去自由的安逸，兩隻老虎都因這陷阱般的安逸而失去了性命。

每個人都嚮往安逸的生活，經過長途跋涉，短暫的安逸生活可以使我們得到休息和寧靜。但是長期的安逸，會磨滅人的理想，摧毀人的鬥志，最終毀掉其一生。一開始就選擇享受的人和一開始就執著奔波、千錘百鍊的人，最後的結局往往是後者成了珍品，前者成了廢物。

無德禪師在收學僧之前，叮囑他們把原有的一切都丟在山門之外。禪堂裡，他要學僧「色身交予常住，性命付給龍天」。但是，有的學僧好吃懶做，討厭做活；有的學僧貪圖享受，攀緣俗事。於是，無德禪師講了下面這個故事：

有個人死後，靈魂來到一個大門前。進門的時候，守門者對他說：「你喜歡吃嗎？這裡有的是精美食物。你喜歡睡嗎？這裡想睡多久就睡多久。你喜歡玩嗎？這裡的娛樂任你選擇。你討厭工作嗎？這裡保證你無事可做，沒有管束。」

這個人很高興地留了下來，吃完就睡，睡夠就玩，邊玩邊吃。三個月下來，他漸漸覺得沒有意思了，於是問守門者道：「這種日子過久了，也不是很好。玩得太多，我已提不起什麼興趣；吃得太飽，使我不斷發胖；睡得太久，頭腦變得遲鈍。您能給我一份工作嗎？」

守門者答道：「對不起！這裡沒有工作。」

又過了三個月，這人實在忍不住了，又問守門者道：「這種日子我實在沒法忍受，如果沒有工作，我寧願下地獄！」

守門者帶著譏笑的口氣回答：「這裡本來就是地獄！你以為這裡是極樂世界嗎？在這裡，你沒有理想，沒有創造，沒有前途，沒有激情，你會失去活下去的信心。這種心靈的煎熬，更甚於上刀山下油鍋的皮肉之苦，你當然受不了啦！」

過於安逸的生活真如地獄一般，甚至比地獄更加可怕。當一個人所有的智慧與能力都在這樣的地獄中消磨殆盡的時候，再後悔已經來不及了。

人的一生，都要經受安逸的誘惑。三伏天，酷暑難當，曝曬的烈日之下與涼風習習的河邊，你會選擇哪一個？三九日，冰天雪地，寒風凜冽的狂野與溫暖如春的爐火旁，你又會如何取捨？只怕，大多數人都會選擇後者，這種安逸正是人生的陷阱。

安逸是通往成功之路的最大障礙，而只有艱難困苦，才能成就大器。如何取捨，你是否已經明白了呢？

在勤奮中創造光明

星雲禪話

佛教是講求奮鬥與進取的宗教。俗話說：「各人吃飯各人飽，各人生死各人了。」因此，人要想實現自己的人生目標，就必須像星雲大師所言，在勤勞奮鬥中創造光明，在勤勞奮發中完成理想。

人間佛語

一位哲人曾經說過：「世界上能登上金字塔頂的生物只有兩種：一種是鷹，一種是蝸牛。不管是天資奇佳的鷹，還是資質平庸的蝸牛，要登上塔尖，極目四望，俯視萬里，都離不開兩個字——勤奮。」

對於一個人的發展與成長而言，天賦、環境、機遇、學識等外部因素固然重要，但更重要的是自身的勤奮與努力。沒有自身的勤奮，就算是天資奇佳的雄鷹也只能空振雙翅；有了勤奮的精神，就算是行動遲緩的蝸牛也能雄踞塔頂，觀千山暮雪，看萬里層雲。成功不僅單純依靠能力和智慧，更要靠每個人自身孜孜不倦地勤奮工作。

鑒真大師初入空門時，住持要他從最辛苦的行腳僧開始磨煉。

有一天，已經日上三竿了，鑒真仍未起床，住持覺得納悶，便到鑒真的寢室裡巡視。

住持推開房門，只見床邊堆了一堆破破爛爛的草鞋，住持叫醒鑒真：「今天你不出外化緣嗎？床邊堆的這些破草鞋是用來做什麼的？」

鑒真打了個哈欠說：「這些是別人一年都穿不破的草鞋，如今我剃度一年多，卻穿破了這麼多鞋，今天我想為廟裡節省一些鞋。」

住持聽了之後，笑了笑對鑒真說：「昨夜外頭下了一場雨，你快起來，陪我到寺前走走吧！」

昨夜的一場雨，使寺前的黃土坡變得泥濘不堪。

忽然，住持拍了拍鑒真的肩膀說：「你是要當個只會撞鐘的和尚，還是想成為能發揚佛法普度眾生的名僧？」

鑒真說：「當然是發揚佛法的名僧啊！」

住持撚鬚一笑，接著說：「你昨天有沒有走過這條路？」

鑒真說：「當然有！」

住持又問：「那麼你現在找得到自己的腳印嗎？」

鑒真不解地說：「昨天這裡原本是平坦、堅硬的道路，今天變得如此泥濘，小僧如何能找到自己的腳印？」

住持接著又笑了笑，說道：「那我們今天在這條路上走一回，你能找到你的腳印嗎？」

鑒真自信地說：「當然能了！」

住持微笑著說：「是的，只有泥濘路才能留下足印啊！只要經過艱苦的跋涉，終有一天會留下痕跡的，一如此刻，我們行走在這片泥地上，不管走得多遠，足印都會深深地留在泥地裡，印證我們的存在。」

勤奮的人，每一步邁出去都會留下深深的腳印，一個挨著一個，通向成功的終點。

不要只羡慕鮮花的芬芳，沒有泥土的滋養，它們也沒有綻放的機會，所有成功的背後都必定有辛勤的耕耘。一分耕耘，總有一分收穫，泥濘的道路上佈滿勤奮的腳印，路的那一端才真正通向成功。

成功的得來不像老鷹抓小雞那樣容易，而是勤奮工作得來的。只有辛勤勞動，才會有豐厚的人生回報。即使給你一座金山，你無所事事，也會有坐吃山空的一天。傳說中的點石成金之術並不存在，在勞動中獲得的財富才是最正確的途徑。

想獲得成功，唯一的方法就是辛勤耕耘。在勤奮中創造光明，必將得到生活的獎賞。

平靜湖面練不出精幹水手

星雲禪話

蓮花因為污泥，而更莊嚴清淨；鮭魚因為逆遊，而更勇猛奮進；探索者不怕危險困難，正因為可以挑戰自己的體能極限；參禪者不怕腿酸腳麻，也是向自我內在的陋習挑戰。

星雲大師說，人生正是因為有著種種的橫逆阻攔，而我們不斷超越昇華，才顯出意義。因此，人生困頓，更要堅強；世道崎嶇，更要勇敢；處事難公，更要自愛；做人難正，更要實在。

人間佛語

有這樣一句偈語：花繁柳密處撥得開，方見手段；風狂雨驟時立得定，才是腳跟。

平靜湖面，怎能練出精幹水手？只有經得起考驗的，才是最好的。

一個修佛的人要想成就正果，必須經歷千萬重考驗，才能真正達到幸福的彼岸；一個紅塵俗人，只有承受住生活的磨煉，才能夠提升生命的品質。

佛經中記載了這樣一則故事：

作惡多端且殺生無數的鴦掘摩在皈依佛門，加入比丘群後，知道過去所做的惡業必定要接受上天的磨難，於是請求佛陀給他一段時間，接受身心的考驗。

他獨自前往荒郊野外，無畏於日曬、雨淋、風吹，在樹下靜坐，累了就到洞裡休息。吃的是樹根、野草，穿的是破布縫補成的衣服，甚至破爛到全身裸體。無論是酷暑還是嚴寒，都不能動搖他修行的決心，他可以說是苦人所不能苦、修人所不能修。

過了很長時間，有一天，佛陀告訴鴦掘摩：「你身為比丘，應該要走入社會人群。」鴦掘摩聽從佛陀的話，跟其他比丘一樣到城裡托缽。

然而，人們看到他就很厭惡，不但大人辱罵他，連小孩看了他也紛紛躲避。鴦掘摩向一位懷孕的婦人托缽，那婦人突然肚子痛得哀天叫地。

鴦掘摩回到精舍，將經過告訴了佛陀。「受人厭棄、咒罵，這些我都不在意，因為我以前做過太多壞事，這是我罪有應得。但是，那位懷孕的婦人一看到我，連胎兒也不得安位，我該怎麼做才能解除她的痛苦呢？」

佛陀要鴦掘摩再回去那戶人家，向婦人腹中的胎兒說：「過去的我已經死了，現在我重生在如來的家庭，已經守戒清淨，再也不會殺生了。」果然，當鴦掘摩將此話對那位婦人反復說了三次後，婦人腹中的胎兒就安定下來了。

此後鴦掘摩比丘走入人群托缽，仍然有人會用石頭和磚塊扔他，甚至拿棍子打他，但鴦掘摩都沒有怨言，也不躲避。

有一天，佛陀看鴦掘摩全身是血，而且都青腫了，心疼地對他說：「你過去造的惡業確實很多，所以得長期接受磨煉。你要時時把心照顧好，耐心地接受這份果報。」

鴦掘摩比丘平靜地說：「我過去殺生太多、作惡多端，是罪有應得。只要我不迷失道心，即使生生世世要接受天下人的身心折磨，我也願意。」

佛陀聽了很安慰，讚歎並勉勵他自我覺悟，磨盡一切罪業。最終，鴦掘摩比丘修成了正果。

鴦掘摩比丘修行的過程是痛苦且艱難的。一個人，想要成功地做成某事，必然會經歷各種各樣的波折，這個過程，就是一個嚴酷的考驗過程，如果不能忍受其中的痛苦，絕不會獲取成功。唯有歷經考驗的人，才能走到成功的彼岸。

在平靜的港灣中生活的人，很難體會到與風浪搏鬥的樂趣，也很難享受到成功之後的喜悅。只有駕馭過驚濤駭浪，才能體會到當中的快樂。

第九章

做好學人，活到老學到老

知識，如明鏡一般，為人生映照出一個個亮面。一個好學的人，能夠在學習中增長知識，修煉涵養，培養氣質，使自己成為一個發光體，並與世界的燦爛接壤。

書中蓮花朵朵開

星雲禪話

在世人眼裡，星雲大師是生活的智者、心靈的導師，而他自己，對讀書學習也從未有過絲毫的放鬆。在他的眼中，書中的美妙境界讓人流連忘返。有的人讀地理名勝，可以遨遊天下；有的人讀歷史掌故，可以和古人神交。有的人愛好文學，春花秋月，情境義理，妙味無窮；有的人喜歡理工，一個細胞，一粒分子，他也可以從中找出另外的一番天地。

手捧書卷，馨香飄溢，華光綻放。

人間佛語

傍晚時分執卷而讀，看著從窗外斜斜灑進屋內的幾束淡淡陽光，柔和而細膩，一種親切與淡定的氛圍便悄然地蔓延到心間。當陽光輕靈地在紙上跳躍，當微風靜靜地在紙上摩挲，窗外樹葉斑駁的影子錯落著在書頁上起舞，一股淡淡的墨香沁人心脾。

書籍可以把我們引入一個神奇、美妙的世界，使我們的生活更加豐富多彩、樂趣無窮，同時，還可以使我們從書中獲得人生經驗。因為人生短暫，不可能事事都去親身體驗，書中的間接經驗，將有效地補充一個人經歷的不足，增添生活的感受。

宋真宗趙恆曾經說過：「富家不用買良田，書中自有千鍾粟；安居不用架高堂，書中自有黃金屋。出門莫恨無人隨，書中車馬多如簇。娶妻莫恨無良媒，書中自有顏如玉。男兒若遂平生志，六經勤向窗前讀。」

古人常常將讀書作為求官得名的途徑，這是從功利角度來講的。古人還說，腹有詩書氣自華，最是書香能致遠。多讀書，多感悟，方能從中獲益良多。

宋朝初年，宋太宗趙匡義非常喜歡讀書，他曾命文臣李昉等人編寫了一部規模宏大的分類百科全書——《太平類編》。這部書收錄了一千六百多種古籍的內容，分類歸成五十五門，共一千卷。

這部書編完之後，宋太宗給自己定下一個規定，一年之內全部將其看完，也就是每天至少要看兩三卷，於是這卷書也被更名為《太平御覽》。當宋太宗做出這個決定之後，曾有人覺得皇帝每天要處理那麼多國家大事，還要去讀這麼多書，實在是太過於辛苦，於是勸他多休息，少看一些，以免過度勞神。

可是，宋太宗回答說：「我很喜歡讀書，從書中我常常能得到樂趣，多看些書，總會有益處，況且我並不覺得勞神。」

於是，他仍然堅持每天閱讀三卷，有時因國事忙耽擱了，他也要抽空補上，並常對左右的人說：「開卷有益，朕不以為勞也。」

開卷有益，讀書，可以澈悟人生道理；讀書，可以洞曉世事滄桑；讀書，可以廣濟天下民眾。捧一幀書冊，看史事五千；品一壺清茗，行通途八百。無須走馬塞上，你便可看楚漢交兵；無須程門立雪，你便可聽師長之諄諄教誨。

當我們暢遊於書海中的美妙境界時，就能夠像星雲大師所說的那樣，感受到清泉一樣的清澈與靈活，嗅到沁人心脾的墨香。

三更有夢書當枕

星雲禪話

讀書要珍惜時間，懂得利用零碎的時間來讀書，不要讓光陰白白溜走。星雲大師常常說：「公路、天空是我的床鋪，汽車、飛機是我的餐廳，一本書和膝蓋是我的書桌，一枝筆是我所有的動力。」

人間佛語

《越絕書．外傳枕中》云：「以丹書帛，置之枕中，以為國寶。」這大概是「枕邊書」最早的由來。夜闌人靜時，捧一卷書在手，隨手翻閱，自在消遣，心也隨書中內容遨遊於天際，喜悅從心底油然而起，不啻為一大清福。

星雲大師告誡眾生讀書當善用時間，讀書要刻苦。俗話說「黑髮不知勤學早，老來方悔讀書遲」，與其日後悔恨對光陰的虛度，不如將現在零碎的時間積累起來，日復一日，年復一年，這將是一筆可觀的時間財富。

三國時董遇讀書的方法是「三餘」：冬者歲之餘，夜者日之餘，陰雨者晴之餘。也就是說，充分利用寒冬、深夜和陰雨天，別人休息的時間發奮苦學。他還認為「三餘廣學，百戰雄才」。

宋代的錢惟演曾任右神武將軍，他在文學方面也造詣頗深。他從小生長在富貴人家，卻沒有不良嗜好，唯一的興趣就是讀書。他曾經對部屬們說，他平生唯獨愛好讀書，坐著讀經書、史書；躺下後則讀先秦百家著作和各種雜記，如廁的時候則讀小令。

謝希深也曾經說：「和宋公垂一起在史院的時候，他每次如廁一定帶上書，古書之聲，清脆響亮，遠近都能聽見，好學竟到了如此地步。」

歐陽修亦曾說：「余平生所做文章，多在三上——馬上、枕上、廁上。」閒暇時間裡確實蘊藏著偉大的力量，它足以使你成為不同尋常的人。古今中外，凡事業有成者，都是十分珍惜和善於駕馭閒暇時間，並充分利用時間學習的人。

讀書學習，時間的保證非常重要，同時，還需要有一種刻苦的精神。所以既有車胤聚螢讀書，又有孫敬頭懸梁，蘇秦錐刺股。

出生於晉朝的車胤，本來是富家子弟，但年幼時遭逢變故，家道中落，變得一貧如洗，但他在逆境中保持著積極的學習態度。

他年輕時很懂事，又能吃苦耐勞，只是白天要幫人幹活，沒時間讀書。晚上有時間讀書了，卻又沒有錢買燈油。一個涼風習習的夏夜，車胤在院中散步的時候看見幾隻螢火蟲在飛舞，點點螢光在黑夜中閃動。他靈機一動，捉來許多螢火蟲，把牠們放在一個用白夏布縫製的小袋子裡，因為白夏布很薄，可以透出螢火蟲的光，他把這個布袋吊起來，就成了一盞夜明燈。

車胤不斷苦讀，終於成為著名的學者，而囊螢讀書的故事也成為千古美談。

學習本就是一件苦差事，「春天不是讀書天，夏日炎炎正好眠，待到秋來冬又至，收拾書包過新年。」這首流傳已久的打油詩念起來朗朗上口、節奏分明，一直被不肯用功的讀書郎當做懶惰的藉口。可是，在古代諸多刻苦求學的聖賢面前，那些懶人們難道不會覺得羞愧嗎？

有人說：「我寧願做一個窮人，住在藏書很多的閣樓裡，也不願當一個不能讀書的國王。」

在枕下、床頭擺幾本可讀之書，華燈初上之時，取一本好書，斟半杯清茶，慢慢研讀，細細品茗，做一個真正快樂的書海泛舟之人。在漫漫的人生中，若能有書相伴，不失為一種莫大的幸福！

學習是一種偏執

星雲禪話

有人說，成功來自偏執。學習常常也需要一種執著的精神，一股打破沙鍋紋（問）到底的勁頭，就像星雲大師所言：「除非不學，要學就要學會，否則絕不放棄；除非不問，要問就要問懂，否則絕不放棄；除非不想，要想就要想通，否則絕不放棄；除非不知，要知就要知透，否則絕不放棄。」

只有以這種精神來學習，才能獲得真知。

人間佛語

學習要有一種打破沙鍋紋（問）到底的精神。人們常用泥燒製成沙鍋，來熬制中藥或在冬季煨湯，這種鍋使用起來很方便，但是也非常容易打碎，而且一碎就會一裂到底。後來世人常常用「打破沙鍋紋（問）到底」來形容執著的求證精神。

淨居寺有一位比丘尼名喚玄機，常常在大日山的石窟中打坐參禪。有一天，她突然想到：「法性湛然，本無去住。厭喧趍寂，豈為達邪？」於是，她動身前去拜訪雪峰禪師，想去請雪峰禪師確認自己是否已經到達了禪的無上境界。

雪峰禪師問道：「你從什麼地方來？」

玄機回答道：「從大日山而來。」

雪峰用機鋒語問：「既然是大日山，那麼太陽出來了沒有呢？」

玄機不甘示弱地回答：「太陽一直未曾出來，假如太陽出來了，雪峰必然會融化。」

雪峰禪師對她的機智非常讚賞，於是又問：「你叫什麼名字？」

「玄機。」

「那你一天能織多少布呢？」

「寸絲不掛！」玄機說完，便覺得自己的回答一定會得到雪峰禪師的讚賞，於是起身告辭後便往外走。

雪峰禪師突然喊住她：「玄機，你的袈裟拖到地上啦！」

玄機一聽，趕緊回頭去扯自己的袈裟衣角。

雪峰禪師哈哈一笑：「好一個寸絲不掛！」

這位比丘尼本已經懂得了禪的機鋒，能夠比較自如地應對雪峰禪師的考問，但是一聽到禪師說袈裟拖到了地上，馬上就做出了和普通人一樣的反應，可見她只知道如何解釋自己的名字，並未在心中做到了無掛礙，也就是說她並沒有真正懂得禪的意義。人一旦陷入這種明明不「知」卻自以為「知道」的迷思，就很難對自己做出準確的定位。

知之為知之，不知為不知，以不知為知，是一種無益的虛榮。

真正的真理是經得起考驗的，所以越是經過反覆推敲與驗證的事實距離真理越近，也越能經得起時光的考驗，其散發出來的光熱，在未來的日子裡，會照亮更多人的前途，溫暖更多人的人生。

學習的目的是為了獲得真理，從而體驗生活的更多樂趣，在有限的生命中創造無限的價值。然而獲得真理的道路總是崎嶇的，真理不是雜草，儘管隨風飄落的草籽也可蓬勃生長，但終會被剷除而難以營造茵茵綠野；真理像是玫瑰，總能在枝頭綻放出別致的美麗，但並非一伸手就可摘到，那些銳利的刺兒，像是盾牌一樣，令人知難而退。

冰心曾說：「成功的花，人們只驚慕她現時的明豔，然而當初她的芽兒，浸透了奮鬥的淚泉，灑遍了犧牲的血雨。」真理的獲得也是如此，只有勇敢的、執著的，甚至有些偏執的人，才能在學習中獲得最寶貴的真理。

操千曲而後曉聲，觀千劍而後識器

星雲禪話

星雲大師曾將普賢菩薩的十大願望改以現代文，當做自己的人生目標：一者禮敬諸佛，我願自今以後實踐人格的尊重；二者稱讚如來，我願自今以後實踐語言的讚美；三者廣修供養，我願自今以後實踐心意的布施；四者懺悔業障，我願自今以後實踐行為的改進；五者隨喜功德，我願自今以後實踐善事的資助；六者請轉法輪，我願自今以後實踐佛法的弘傳；七者請佛住世，我願自今以後實踐聖賢的保護；八者常隨佛學，我願自今以後實踐真理的追隨；九者恆順眾生，我願自今以後實踐民意的重視；十者普皆供養，我願自今以後實踐圓滿的功德。

大師有十大誓願，而最後一樁卻歸於對圓滿功德的實踐。一切過程都必將結束於實踐之中，學習亦是如此。

人間佛語

古人云：「讀萬卷書，行萬里路。」滿腹經綸卻不知如何運用的人被稱為「思想的巨人，行動的矮子」。這樣的「矮子」很多，既有趙括紙上談兵成為千年笑柄，又有馬謖痛失街亭萬古遺恨。所以古人又說：「紙上得來終覺淺，絕知此事要躬行。」

行，既是行動，也是行走，行動是一種隨時而發的實踐，行走是永遠身在途中的狀態。也就是說，修行與學習相伴相隨，永遠都不會停止。

唐代的智閑和尚曾拜靈佑禪師為師，有一次，靈佑問智閑：「你還在娘胎裡的時候，在做什麼事呢？」

「還在娘胎裡的時候，能做什麼事呢？」他冥思苦想，無言以對，於是說：「弟子愚鈍，請師父賜教！」

靈佑笑著說：「我不能說，我想聽的是你的見解。」

智閑只好回去，翻箱倒櫃查閱經典，但沒有一本書是有用的。他這才感悟道：「本以為飽讀詩書就可以體味佛法，參透人生的哲理，不想都是一場空啊！」

灰心之餘，智閑一把火將佛籍經典全部燒掉了，並發誓說：「從今以後再也不學佛法了，省得浪費力氣！」於是他前去辭別靈佑禪師，準備下山，禪師沒有任何安慰他的話，也沒有挽留他，任他到自己想去的地方。

智閑來到一個破損的寺廟裡，還過著和原來一樣的生活，但心裡總是放不下禪師問他的話。有一天，他隨便把一片碎瓦塊拋了出去，瓦塊打到一棵竹子上，竹子發出了清脆的聲音。智閑腦中突然一片空明，內心澎湃。他感到了一種從未體驗過的顫抖和喜悅，體驗到了禪悟的境界。

他終於醒悟了：「只有在生活實踐中自悟自證，才能獲得禪旨的真諦。」於是他立即趕到靈佑禪師身邊說：「禪師如果當時為我說破了題意，我今天怎麼會體會到頓悟的感覺呢？」

真正的學禪絕不僅僅是參參禪，念幾句彌陀，而更在於參悟禪宗道理，在於以慈悲的「行」來實踐開悟的「知」。生活中所有的事情都是如此，「紙上得來終覺淺，絕知此事要躬行」，無論是自己在經典中學到，還是由聖人大德告知，都不是真正的懂得，仍然需要通過親身實踐來參悟。

佛法是需要修證的，一個人去修證、實踐佛法不一定能成佛，但一個不去修證、實踐的學佛者則絕不可能獲得解脫。星雲大師主張人要實踐的原因也正在於此。

劉勰曾在《文心雕龍》中說：「操千曲而後曉聲，觀千劍而後識器。」練習一千支樂曲之後才能懂得音樂，觀察過一千柄劍之後才知道如何識別劍器。要學會一種技藝，不是容易的事；做個鑒賞家，也要多觀察實物，紙上談兵是不行的。所以，並非埋頭死讀書，讀書破萬卷與在讀書中實踐是相輔相成的，只有如此，學習才能有所獲益。

為學路上先學做人

星雲禪話

人立於世，應該學習的事情很多。學習遊刃有餘的處世技巧，學習賴以生活的生存技能，學習謙卑有節的交往禮儀，學習滋養身心的知識。有些學習是人生某個階段所不可缺少的，還有一些，卻是相伴終生、沒有止境的，比如學做人。

星雲大師曾經有一位徒弟，大學畢業之後又到海外求學，在夏威夷讀了碩士，又到耶魯攻讀了博士學位。學成歸國之後，他前來拜會星雲大師，並求教說：「師父，我現在已經是博士了，以後還要再學習什麼呢？」大師淡然一笑，回答說：「學習做人。」

人間佛語

學習做人是一輩子的事情，除非埋入黃土，否則是沒有辦法畢業的。

人生苦短卻又坎坷殘酷。與其將自己放逐於無際的黑暗中，不如靜下心來，平平淡淡、踏踏實實地做人。一個人的學識也許尚在其次，但人品卻決定著他做人的格局和生活的格調。

良寬禪師終生修行修禪，從來沒有懈怠過一天，他的品行遠近聞名，人人敬佩。

在他年老的時候，家鄉傳來一則消息，說禪師的外甥不務正業，吃喝嫖賭，五毒俱全，快要傾家蕩產了，而且經常為害鄉里。家鄉父老都希望這位禪師舅舅能大發慈悲，救救外甥，勸他回頭，重新做人。

良寬禪師聽到消息後大感驚訝，他雖然很多年沒有見過這個外甥，但卻知道這個外甥自幼苦讀，學識頗深，不知緣何卻沒有在書本中學到些許做人的道理。

禪師不辭辛勞，立即往家鄉趕。他風雨無阻，走了半個月的時間，終於回到了家鄉。這位外甥久聞舅舅的大名，心想以後可以在狐朋狗友面前吹噓一番了，因此也非常高興，並且特意留舅舅過夜。

家人也很高興，心想禪師可以好好規勸一下這個浪蕩子了。外甥卻尋思，舅舅雖然名氣很大，但如果他對我說教，我可要好好捉弄他一下，殺一殺他的威風。

令人深感意外的是，晚上，良寬禪師在俗家床上坐禪坐了一夜，並沒有勸說什麼。外甥不知道舅舅葫蘆裡賣的是什麼藥，惴惴不安地勉強熬到天亮。禪師睜開眼睛，要穿上草鞋，下床離去。他彎下腰，又直起腰，不經意地回頭對他的外甥說：「我想我真的老了，兩手發直，穿鞋都很困難，可否請你幫把我草鞋帶子繫上？」

外甥非常高興地照辦了，良寬慈祥地說：「謝謝你了！年輕真好啊，你看，人老的時候，就什麼能力都沒有了，可不像年輕的時候，想做什麼就做什麼。你要好好保重自己，趁年輕的時候，把人做好，把事業的基礎打好啊，不然等到老了，可就什麼都來不及了！」

禪師說完這句話後，掉頭就走。

但就從那一天起，他的外甥再也不花天酒地地去浪蕩了，而是改邪歸正，努力工作，像換了個人似的。

良寬禪師並沒有用什麼大道理規勸外甥，其實，那些說教的言語想必他的外甥也很清楚，只是他並沒有在做人時照著實行而已。

先學做人，繼學知識，再求成佛，這是世間不變的道理。星雲大師開示眾生：「要放下萬緣全部接受，事事好奇處處學習，求精求全瞻前顧後，自己無理別人都對，眼光要遠腳步要近，忍耐辦事委屈做人。」這既是求學的態度，更是做人的原則。

人非聖賢，總是難以做到盡善盡美，自然也難以避免會有瑕疵。雖不能面面俱到，但在茫茫的人生路上，還是要時刻給自己亮起一盞心燈，照亮方向，磨礪品性，把人做好。

第十章

做富貴人，另類的財富

在星雲大師看來，真正的富人，不一定有良田萬頃，但卻有自己的一方心齋；不一定有豪宅香車，但定有溫馨家庭；不一定有萬千追隨者，但定有知己摯友。人生在世，錢固然重要，但卻絕非萬能。除了金錢之外，還有很多更值得追求的東西。

知足是天下第一富

星雲禪話

人人都渴望得到財富，而財富究竟為何物？

星雲大師在《求財富祈願文》中向佛陀祈求七種財富：

第一種，祈求您給我健康的身體。

第二種，祈求您給我慈悲的心腸。

第三種，祈求您給我智能的頭腦。

第四種，祈求您給我勤儉的美德。

第五種，祈求您給我寬廣的胸懷。

第六種，祈求您給我內心的智能。

第七種，祈求您給我世間的因緣。

這七種財富，都是我們通過自我修煉能夠獲得的，並且是真正的、自在的不會拖累己身的財富。

人間佛語

人生走到暮年，已垂垂老矣，當只有回憶占據內心時，歷數一生的喜怒哀樂以及繁華落寞，怎樣的來路才會讓人感覺到充實呢？若將財富得失的心態拋至腦後，我們很容易發現，自己原來一直如此富有。

從前，有一個青年總是哀歎自己命運不濟，生活多舛，既發不了財也求不到一官半職，終日愁眉不展。一天，他在路上偶遇了一個老和尚，當他看到老和尚一臉的平靜祥和時不由得歎了口氣。

老和尚攔住青年，問他為何歎氣，青年說：「我看到你開心的樣子覺得很羨慕。為什麼我總有這麼多的煩惱？為何我既沒有一技之長而又一貧如洗？」

老和尚說：「年輕人，你明明很富有啊！」

青年問：「富有？我除了煩惱什麼也沒有。」

老和尚並沒有急著解釋，而是繼續問他：「那麼，假如有人給你一千兩銀子，換你十年的壽命，你換嗎？」

「當然不換！」

「給你五千兩銀子，換你的健康，你換嗎？」

「不換！」

「給你一萬兩銀子，換你的生命，你換嗎？」

「不換！」

老和尚頓時笑了：「年輕人，到現在為止你至少擁有一萬六千兩銀子了，難道還不夠富有嗎？」

年輕人的煩惱來自於未能真正認識到自己所擁有的財富，他只是看到了自己缺少的東西，卻從未看到自己所擁有的東西。若能知足，則一切煩惱自會迎刃而解。

人常說，知足常樂。知足是一種處世態度，常樂是一種釋然的情懷。知足常樂，貴在珍惜，珍惜自己所擁有的一切，不抱怨不貪求。當我們都在忙於追求、拚搏而失去方向的時候，知足常樂，這種在平凡中渲染的人生底色所孕育的寧靜與溫馨，對於風雨兼程的我們是一個避風的港口。真正做到知足常樂，人生會多一份從容，多一些達觀。

做人要知道滿足，要懂得珍惜，不可貪得無厭。每個人出生時不可能都含著一把通向富貴、幸福之路的鑰匙，但是每個人都擁有一雙勤勞的手，不要把對美好生活的期待寄託在上天的恩賜上，美好的生活應該靠勤勞的雙手去創造。

對於一個不知足的人來說，天下沒有一把椅子是舒服的，他也永遠無法看到自己所擁有的青春、能力、經驗、激情、教養、信念……這時候，不滿之心就像是一團熊熊烈火，柴放得越多，燒得越旺；火燒得越旺，人就越有添柴的衝動。於是，人奔來奔去，忙裡忙外，既無暇休息，也體會不到忙碌的樂趣。

星雲大師說，知足是天下第一富。人如果不知足，雖在天堂卻猶處地獄；能夠知足的人，雖臥荒地也如在天堂。

無法看到自己所擁有的，就無法珍惜，這是一種極其危險的情緒，它既能夠摧毀有形的東西，也能攪亂我們的內心世界。擦亮眼睛，看看我們所擁有的財富：生命、時光、理想、熱情、知識、親情、友誼……你所擁有的才是你真正的財富。

身無分文，不礙富貴

星雲禪話

窮人也可以成為富貴人。星雲大師指出，財富不僅僅指金錢，我們既有心外的財富，也有心內的財富。

做一個自信、樂觀、勤奮的人，財富就能積少成多，慢慢地匯聚到手中。所以，一個窮人也可以很富有。

人間佛語

有一位貧窮的哲學家，生活潦倒。當他是單身漢的時候，因為沒有錢，只能和幾個朋友一起住在一間小屋裡。儘管生活非常不便，但是，他一天到晚總是很快樂。

有人問他：「那麼多人擠在一起，連轉個身都困難，有什麼可高興的？」

哲學家說：「朋友們在一塊兒，隨時都可以交換想法、交流感情，這難道不值得高興嗎？」

過了一段時間，朋友們一個個相繼成家了，先後搬了出去。屋子裡只剩下了哲學家一個人，但是他每天仍然很快活。

那人又問：「你一個人孤孤單單的，有什麼好高興的？」

「我有很多書啊！一本書就是一個老師。和這麼多老師在一起，時時刻刻都可以向它們請教，這怎能不令人高興呢？」

幾年後，哲學家也成了家，搬進了一座大樓裡。這座大樓有七層，他的家在最底層。底層在這座樓裡環境是最差的。那人見他還是一副自得其樂的樣子，好奇地問：「你住這樣的房間，也感到高興嗎？」

「是呀！你不知道住一樓有多少妙處啊！比如，進門就是家，不用爬很高的樓梯；搬東西方便，不必費很大的勁兒；朋友來訪容易，用不著一層樓一層樓地去叩門詢問……特別讓我滿意的是，可以在空地上養些花，種些菜。這些樂趣呀，數之不盡啊！」

後來，那人遇到哲學家的學生，問道：「你的老師總是那麼快快樂樂，可我卻感到，他每次所處的環境並不那麼好呀。」

學生笑著說：「決定一個人快樂與否，不在於環境，而在於心境。」

這位哲學家生活窮困，但是他所擁有的快樂心境有幾個人能夠擁有呢？華服美食、別墅豪車都不過是人生的裝飾品而已，而一份快樂自在的心境，憂患時快樂，落魄時灑脫，難道不是一種令人羨慕的富有？

窮人可能沒有很多錢，但擁有健康的體魄、聰慧的頭腦以及明確的志向，這難道不比那些窮得只剩下錢的富人富有嗎？

窮人可能沒有漂亮的妻子，但擁有寧靜的內心，並且執著地相信著美好單純的愛情。

窮人可能沒有足以炫耀的事業，但擁有不斷攀登、永遠向上的鬥志，永遠有一種自信樂觀的心態，池中之物也可化作飛龍在天。

「外財與內財兼俱，知識與信仰同重，接受與施捨並行，擁有與享有兼備」，這才是星雲大師眼中真正的富人，即使一個身無分文的窮人，也能在達觀的心境中努力地修煉出以上的品德，成為一個真正的富人。

攤開手掌，才不致財富壓身

星雲禪話

正像窮人可以富貴，富人也可能困窘一樣。在星雲大師眼中，真正的富人並不一定是個有錢人，錢財並非萬能，金錢與幸福並不成永恆的正比。

人間佛語

假期裡，一位富爸爸帶著兒子去農村體驗生活，他想讓從小錦衣玉食的兒子知道什麼是窮人的生活。

他們在一家最窮的人家裡待了兩天。

回來後，父親問兒子：「旅行怎麼樣？」

「好極了！」

「這回你知道窮人是怎麼過日子的了？」

「是的！」

「有何感想？」

兒子興致勃勃地說：「真是棒極了，他們一家人真富有啊！我們只有一隻貓，我發現他們家裡有三隻貓；我們僅有一個小游泳池，可他們竟有一個大水庫；我們的花園裡只有幾盞燈，可他們卻有滿天的星星；還有，我們的院子只有前院那麼一點草地，可他們的院子周圍全是大片大片的草地，還有好多好多的牛羊雞鴨、瓜果蔬菜！」

兒子說完，父親啞口無言。

接著兒子又說道：「感謝父親讓我明白了我們有多麼貧窮！」

孩子眼中總有大人看不到的世界，當這位富爸爸陶醉於自己經營而來的富裕生活時，他可能從來沒有想到過在兒子的眼裡，自己是多麼的貧窮！

一個有錢的人，可以用金錢買到胭脂，可是買不到氣質；可以用金錢買到山珍海味，可是買不到食欲；可以用金錢買到華美服飾，可是買不到美麗；可以用錢買到舒適床鋪，可是買不到睡眠；可以用錢買到書本，可是買不到智慧；可以用錢買到酒肉朋友，可是買不到患難之交；可以用錢買到別墅豪宅，但是買不到幸福家庭。

金錢能夠帶來物質上的享受，卻也在無形中阻隔了個人心靈世界的豐富。

暴雨剛過，道路上一片泥濘。一個老太婆到寺廟進香，一不小心跌進了泥坑，渾身沾滿了黃泥，香油錢也掉進了泥裡。她不起身，只是在泥裡撈個不停。一向慈悲的富人剛好坐轎從此經過，看見了這個情景，想去扶她，又怕弄髒了自己身上的衣服，於是便讓下人去把老太太從泥潭裡扶出來，還送了一些香油錢給她。老太太十分感激，連忙道謝。

一個僧人看到老太太滿身污泥，連忙避開，說道：「佛門聖地，豈能玷污？還是把這一身污泥弄乾淨了再來吧！」

瑞新禪師看到了這一幕，徑直走到老太太身邊，扶她走進大殿，笑著對那個僧人說：「曠大劫來無處所，若論生滅盡成非。肉身本是無常的飛灰，從無始來，向無始去，生滅都是空幻一場。」

僧人聽他這樣說便問道：「周遍十方心，不在一切處。難道連成佛的心都不存在嗎？」

瑞新禪師指指遠處的富人，嘴角浮起一抹苦笑：「不能捨、不能破，還在泥裡轉！」

那個僧人聽了禪師的話，頓時感到無比慚愧，垂下了目光。

瑞新禪師回去便訓示弟子們：「金錢珠寶是驢屎馬糞，親身躬行才是真佛法。身躬都不能捨棄，還談什麼出家？」

心存取捨，則有邪見與妄行；凡成就大事之人，無不是心中存善念，行善事者。像故事中的富人，捨不得一身皮囊，身價百萬又如何？

富人的慈悲不應該僅僅是金錢上的施捨，還應該包括心靈的布施，這樣才既是對他人的關愛，也是對自己的成全。當我們擁有財富時，與其握著拳頭，只能抓住掌中的東西，不如攤開手掌，欣賞整個浩瀚的天空，才不至於財富壓身，成為貧窮的富人。

貪心越大，失去越多

星雲禪話

俗話說，人心不足蛇吞象。欲望，永不滿足的欲望，一方面是人們不懈追求的原動力，成就了人往高處走，水往低處流的箴言；另一方面也詮釋了「有了千田想萬田，當了皇帝想成仙」的人性弱點。

在生活中，人們總喜歡抓點什麼，房子、金錢、名利……抓得世界五彩繽紛，抓得自己精疲力竭。星雲大師看得透澈，我們畢竟只是凡人，想抓住的太多，能抓住的實在太少。

人間佛語

唐代文學家柳宗元曾寫過一篇名為《蝜蝂傳》的散文，文中提到了一種善於背負東西的小蟲蝜蝂，牠行走時遇見東西就拾起來放在自己的背上，高昂著頭往前走。由於牠的背天生甚澀，所以堆放到上面的東西掉不下來。背上的東西越來越多，越來越重，不肯停止的貪婪行為，終於使牠累倒在地。

人心常常是不清淨的，之所以混亂是因為物欲太盛。人生在世，很難做到一點欲望也沒有；但如果物欲太盛，就容易淪為欲望的奴隸，一生負重前行。

每個人都應學會減負，更應學會知足常樂，因為心靈之舟載不動太多負荷。

從前，一個想發財的人得到了一張藏寶圖，上面標明在密林深處有一連串的寶藏。他立即準備好了一切旅行用具，特別是他還找來了四五個大袋子用來裝寶物。一切就緒後，他進入了那片密林。他斬斷了擋路的荊棘，蹚過了小溪，冒險衝過了沼澤地，終於找到了第一個寶藏，滿屋的金幣熠熠奪目。他急忙掏出袋子，把所有的金幣裝進了口袋。離開這一寶藏時，他看到了門上的一行字：「知足常樂，適可而止。」

他笑了笑，心想：有誰會丟下這閃光的金幣呢？於是，他沒留下一枚金幣，扛著大袋子來到了第二個寶藏，出現在眼前的是成堆的金條。他見狀興奮得不得了，依舊把所有的金條放進了袋子，當他拿起最後一條時，上面刻著：「放棄了下一個屋子中的寶物，你會得到更寶貴的東西。」

他看了這一行字後，更迫不及待地走進了第三個寶藏，裡面有一塊磐石般大小的鑽石。他發紅的眼睛中泛著亮光，貪婪的雙手抬起了這塊鑽石，放入了袋子中。他發現，這塊鑽石下面有一扇小門，心想，下面一定有更多的東西。於是，他毫不遲疑地打開門，跳了下去，誰知，等著他的不是金銀財寶，而是一片流沙。他在流沙中不停地掙扎著，可是他卻越掙扎陷得越深，最終與金幣、金條和鑽石一起長埋在流沙下了。

如果這個人能在看了警示後立刻離開，能在跳下去之前多想一想，那麼他就會平安地返回，成為一個富翁。

物質上永不知足是一種病態，其病因多是由權力、地位、金錢之類引發的。這種病態如果發展下去，就是貪得無厭，其結局是自我爆炸、自我毀滅。像星雲大師所言，世間一切我們能抓住的只是很少的一部分，又何苦為了抓住更多而失去更多呢？

所以，生活中的我們應該明白：即使你擁有整個世界，你一天也只能吃三餐。這是人生思悟後的一種清醒，誰真正懂得了它的含義，誰就能活得輕鬆，過得自在，白天知足常樂，夜裡睡得安寧，走路感覺踏實，驀然回首時沒有遺憾！

《伊索寓言》中有這樣一句話：「有些人因為貪婪，想得到更多的東西，卻把現在所擁有的也失掉了。」

人赤條條地來到這個世界上，不可能永久地擁有什麼。現代西方經濟學最有影響力的經濟學家凱因斯曾經說過：「從長期來看，我們都屬於死亡，人生是這樣短暫，即使身在陋巷，我們也應享受每一刻美好的時光。」

唯有「用有」，才是真正擁有

星雲禪話

人人都想「擁有」，但問題在於人的欲望是無止境的，填飽了肚子，又求珍饈；娶了嬌妻，又妄想求得美妾；有了房舍，又求華廈；謀得一職，又求升官；得到千錢，又求萬金……寶貴的一生就在無止境的追求「擁有」中，苦惱地度過了。

所以，星雲大師說：擁有財物而不用，和「沒有」有什麼差別呢？擁有財物而不會用，和「無用」有什麼不同呢？

人間佛語

每個人都希望擁有自己的房子，但若不能和至愛家人住在一起，別墅是否會有家的感覺？每個人都希望有自己的田產，但若不在田裡播撒種子，一塊荒地存在的意義又是什麼？每個人都希望能夠擁有巨額財富，但如果只是緊緊握在手中而不使用，一張永遠不能支取的存摺的價值在哪裡呢？

以前，有一對兄弟，他們自幼失去了父母，相依為命，家境十分貧寒。他們倆終日以砍柴為生，生活十分艱苦。即便如此，兄弟倆也從來沒有抱怨過，他們起早貪黑，一天到晚忙得不亦樂乎。而且，哥哥照顧弟弟，弟弟心疼哥哥，生活雖然艱苦，但過得還算快活。

神仙得知了他們二人的情況，為他們的親情所感動，決定下界去幫他們。清晨時分，神仙來到兄弟倆的夢中，對他們說：「遠方有一座太陽山，山上撒滿了金光燦燦的金子，你們可以前去拾取。不過路途非常艱險，你們可要小心！並且，太陽山溫度很高，你們一定要在太陽出來之前下山，否則，就會被燒死在上邊。」說完，神仙就不見了。

兄弟倆從睡夢中醒來，非常興奮。他們商量了一下，便起程去了太陽山。一路上，他們不但遇到了毒蛇猛獸、豺狼虎豹，而且天空中狂風大作、電閃雷鳴。兄弟倆咬緊牙關，團結一致，最終戰勝了各種艱難險阻，來到了太陽山。

兄弟倆一看，太陽山上漫山遍野都是黃金，金燦燦的，照得人睜不開眼。弟弟一臉的興奮，望著這些黃金不住地笑。

哥哥從山上撿了一塊黃金，裝在口袋裡。哥哥對弟弟說：「你也撿一塊金子，咱們趕快下山回家吧！不然就來不及啦。」可是弟弟不聽。無論哥哥怎麼拉他，他還是不肯走，於是哥哥只好獨自下山去了。弟弟撿了一塊又一塊，就是不肯罷手。不一會兒整個袋子都裝滿了，弟弟還是不肯住手。此時，太陽快出來了，可是弟弟仍在不住地撿。

一會兒，太陽真的出來了，山上的溫度也在漸漸升高。這時，弟弟才慌了神，急忙背著黃金往回跑，無奈金子太重，壓得他根本跑不快。太陽越升越高，弟弟終於倒了下去，被燒死在太陽山上。

哥哥回家後，用撿到的那塊金子當本錢，做起了生意，後來成了遠近聞名的大富翁。

弟弟一心「擁有」，而哥哥聰明「用有」。哥哥因為不貪而享受了富有的恩賜，弟弟因貪得無厭而命喪黃泉。

河水要流動，才能涓涓不絕；空氣要流動，才能生意盎然。擁有，還需「用有」才有意義，星雲大師曾說，要能以「用有」的胸懷，來應真理；以「用有」的財富，順應人間；讓因緣有、共同有，來取代私有的狹隘；讓惜福有，感恩有，來消除占有的偏執，即所謂「擁有，是富者；用有，才是智者」。富而加智，豈不善哉！

多貪多欲的人，縱然富甲天下，仍不知足，等於是窮人，他們擁有的是痛苦的根源而非幸福的靠山；而少欲知足善用的人，才會真正享受到富裕的生活。

語錄　星雲偈語，禪深似海自有岸

心態篇

●人生最大的悲哀，是自己對前途沒有希望；人生最壞的習慣，是自己對工作沒有計劃。

●「學習吃虧」能養德，「人我互調」能慈悲；「當然如此」能自在，「享有就好」能常樂。

●工作時沒有貴賤之分，服務時沒有高低之別，讀書時沒有老少之分，修道時沒有聖凡之界。

●不妄求是知足的生命，不投機是本分的性格，不計謀是誠實的做人，不自私是淨化的身心。

●心懷善念，日日是好日；里鄰和睦，處處是淨土。

●水入污泥，雖清亦濁；人入邪惡，雖正亦奸。

●牙齒以堅硬易毀，故聖賢貴柔；刀刃以尖銳快摧，故聖賢貴渾；神龍以難見稱瑞，故聖賢貴潛；滄海以汪洋難量，故聖賢貴深。

●以捨為有，則不貪；以忙為樂，則不苦；以勤為富，則不貧；以忍為力，則不懼。

●失敗之人，不外乎一意孤行、剛愎自用；成功之人，大多能與人為善、從善如流。

●失敗者，往往是熱度只有五分鐘的人；成功者，往往是堅持最後五分鐘的人。

●世間最好的東西，是歡喜；世間最貴的善舉，是結緣；世間最大的力量，是忍耐；世間最強的願力，是甘願。

●金錢可以買得到奴隸，但買不到人緣；金錢可以買得到群眾，但買不到人心。金錢可以買得到魚肉，但買不到食慾；金錢可以買得到高樓，但買不到自在。金錢可以買得到美服，但買不到氣質；金錢可以買得到股票，但買不到滿足。金錢可以買得到書籍，但買不到智慧；金錢可以買得到床鋪，但買不到睡眠。

●做人要能隨遇而安、隨緣生活、隨心自在、隨喜而作；處事要從淡處著眼、疑處用心、無處下手、拙處力行。

●胸襟寬大，條條都是大路；心意清淨，處處都是淨土。

●在貧困中，要有忠心志氣；在危難中，要有信心勇氣；在富貴中，要有善心義氣；在修持中，要有正心道氣。

●知苦惱，才會本分不妄求；知慚愧，始能進步不退化。

●真理要靠力量來實踐，力量要靠真理來發揮。

●看得破的人，處處都是生機；看不破的人，處處都是困境。

求學篇

●人生之大病，不在無用，而在無明；事業之成功，不在學歷，而在學力。

●人的能力在努力中可以增加，人的學問在虛心下可以進步。

●在學識上要力求博大精深，在修養上要力求忍耐包容。

●有道之書盡讀，明事之書多讀，閒雜之書少讀，邪妄之書不讀。

●自己不學好，別人幫不了；自己要學好，誰也擋不了。

●生活的教育重於知識的教育，道德的教育重於功利的教育，普及的教育重於特權的教育，自覺的教育重於接受的教育。

●培才愛才，才可以傳燈；教人用人，才可以傳宗。

●培養自學的能力，才不會在苟安中退步；培養教人的胸懷，才能將經驗傳承下來。

●培養興趣，而不養成癖好；學習正直，而不學成古板。

●沒有新觀念，不會進步；沒有大格局，不會遠見。

●作家在稿紙上耕耘，農夫在土地上耕耘，教師在黑板上耕耘，禪者在心地上耕耘。

●受社會教育，為一己之謀生；受佛教教育，為眾生之化導。

●所謂學問，在於治事，事不治，縱學無益；所謂佛法，在於治心，心不治，縱修無成。

●敢於發問，問出智慧；長於聽聞，聞出對話；善於溝通，談出共識；勇於思考，想出創意；受於鍛鍊，磨出實力；安於靜修，修出道德。

●自學，是成功的動力；自律，是成功的條件；自信，是成功的方法；自尊，是成功的要素。

●為了體驗人生，應以道德嚴律人格；為了追求學問，應以智慧擴充心光。

●為學當重聞思修，將來必須說寫做，若能具備戒定慧，必可清淨樂融融。

●研究要靠資料，發明得靠才華，讀書需要深思，做事應該明辨。

●時間是一秒一秒給你的，所以要一秒一秒的用；書籍是一字一字寫就的，所以要一字一字的讀。

修行篇

●一個登山的人在懸崖峭壁，所迫切需要的是青藤小樹；一個上進的人在人生險途，所急於需要的是善言指南。

●交友以無瞋為自在，做人以無癡為清涼，用心以無相為淨土，修行以無得為涅槃。

●上課聞道要有歡喜心，指導訓話要有接受心，做事擔當要有勇敢心，和人相處要有恭敬心。

●不想改過的人，無法調教；不想向善的人，無法得度。

●布施可以種一收十，持戒可以三業清淨，忍辱可以自他得益，精進可以無事不成，禪定可以身心安住，智慧可以洞察秋毫。

●求學讀書要：讀做一個人，讀明一點理，讀悟一點緣，讀懂一顆心。

●世學有漏，佛法無漏；知識變易，真理常新。

●生產好似搖錢樹，節儉猶如聚寶盆，勤快能換萬擔糧，用心擁有全宇宙。

●自我觀照，反求諸己；自我更新，不斷淨化；自我實踐，不向外求；自我離相，不計內外。

●為人父母，要心甘情願養育子女；為人師長，要心甘情願培育英才；為人學生，要心甘情願承受教誨；為人子女，要心甘情願孝養父母。

●求革新不可太快，厭惡人不可太兇，要他好不可太過，用人才不可太急，聽發言不可太率，對自己不可太寬。

●有能力的人，處處給人方便；無能力的人，處處給人為難。

●勇氣須從一念中求，仁慈須從行儀裡找。

●坐姿如鐘，必須穩重；站立如松，必須正直；容貌如鏡，必須明淨；行止如法，必須合儀；視聽如教，必須受益；思想如流，必須清澄。

●事，無法要求「完美」，但至少要能「完成」，才算盡到己責；人，無法要求「萬能」，但至少做到「可能」，就能堪受擔當。

●以智慧燈來點亮心光，以自性佛來成就內心，以六度法來治療心病，以七聖財來豐富內財。

●信其言，不察其行，是智者之愚；信其行，不察其言，是愚者之智；察其言，亦察其行，是智者之智；不察言，亦不察行，是愚者之愚。

●為了完成自己，任何考驗都得忍受；為了解決紛爭，任何責任皆得擔當。

●要做行為正直坦蕩的君子，不做沒有是非觀念的小人。

●個人的性格，影響自己一生；群眾的性格，影響萬世族親。

處世篇

●凡事皆有利弊，只要懂得權衡之道，往大處著眼，枯石朽木也能入藥；凡人皆有長短，只要懂得用人之道，取彼之所長，破銅爛鐵也能成鋼。

●不患人之不重己，應患己之不重人。

●不辭小水，方能成就海洋；不積小善，無以圓滿至德。

●不願說理是固執，不會說理是愚者，不敢說理是奴隸，不肯說理是無知。

●以言語識人，取禍之大端；以度量容人，集福之要術；以勢力折人，招尤之未遠；以道德化人，得譽之流長。

●只說好話不做好事，好話等於廢話；只做好事不說好話，好事等於無事。

●用兵擇其勇，用人擇其才，用理擇其道，用錢擇其德。

●用智慧確定方向，方向必到；用意志克服困難，困難必解。

●用感情換取他人的信仰，無法長久；用道德建立他人的尊敬，歷久彌深。

●目中有人助緣多，口中有德福報多，耳中清淨和諧多，心中有佛歡喜多。

●有田不種，必無收成；有錢不用，必空積聚。

●能吃虧可以獲得大便宜，能受苦可以獲得大安樂，能和氣可以獲得大力量，能散財可以獲得大聚集。

●做人要如滾雪球，愈滾愈有人緣；做事要如織錦繡，愈織愈有成就。

●不擇細流終成海洋，不辭土壤終成高山，不恥下問終致淵博，不飾過失終達善美。

●做大事要有魄力，做小事要能細心，做難事要肯忍耐，做善事要求無相。

●做事要能知己，若捨寸就尺，不易獲得成功；處世要能知人，若捨長取短，容易導致失敗。

●人我相處之道，靠生活教育來訓練；自我提升之道，靠思想教育來啟發。

●事事肯放過他人則德日昇，事事不放過自己則學日密。

●依附得人，可獲終生快樂；投靠非類，將造一生之殃。

●知己、律己，是立身處世之要道；容他、助他，是人際相處之良津。

生命篇

●人的健康，主要在身心健全，而非勇武有力；人的長壽，主要指延續慧命，而非長命百歲。

●不吃過頭的飯，不講過頭的話，不走過頭的路，不做過頭的事。本分，照顧當下；過頭，失去未來。

●水之性，在由高而下，故宜因勢利導，以為疏通之則；人之性，在有所獲得，故當喜捨布施，以為結緣之方。

●由「無常」，可悟緣起緣滅，必能精進；由「無我」，可知性真性實，必得自在。

●養生之道，在於吃得淡，吃得粗，吃得少；處世之道，在於吃得苦，吃得虧，吃得重。

● 死，要死得有價值；死有重如泰山，有輕如鴻毛。活，要活得有意義；活有流芳百世，有遺臭萬年。

● 有為法雖假，棄之則佛道難成；無為法雖真，執之則慧光不朗。

● 幸運，總是垂青於勇敢的人；福報，總是降臨於厚道的人。

● 法無善惡，善惡是法；境無損益，損益在人。

● 治學不厭是智者，教育不倦是仁者，做事不苦是勤者，受苦不訴是能者。

● 安排自己能獲得快樂，充實自己能獲得知識，掌握自己能獲得平安，創造自己能獲得成功。

● 若要身體好，飲食要吃少；若要人緣好，誠懇莫驕傲；若要家庭好，關懷最重要；若要事業好，勤勞來創造。

大師的智慧：人間佛語・星雲大師

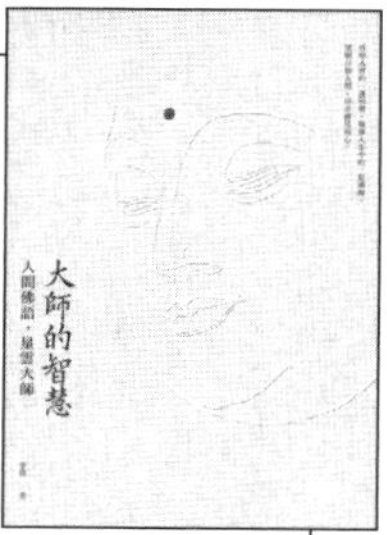

作　　者　李　倩

發 行 人　林敬彬
主　　編　楊安瑜
責任編輯　陳亮均
助理編輯　黃亭維
內頁編排　于長煦（帛格有限公司）
封面設計　徐子偉（白日設計）

出　　版　大旗出版社
發　　行　大都會文化事業有限公司
11051台北市信義區基隆路一段432號4樓之9
讀者服務專線：(02)27235216
讀者服務傳真：(02)27235220
電子郵件信箱：metro@ms21.hinet.net
網　　　址：www.metrobook.com.tw

郵政劃撥　14050529 大都會文化事業有限公司
出版日期　2013年04月初版一刷
定　　價　250元
ISBN　978-986-6234-55-2
書　　號　Choice017

大旗出版 BANNER PUBLISHING　大都會文化

國家圖書館出版品預行編目資料

大師的智慧：人間佛語・星雲大師 / 李倩著. --
初版. -- 臺北市，大旗出版：大都會文化發行,
2013. 04
256 面；14.8×21 公分.

ISBN 978-986-6234-55-2（平裝）

1. 佛教修持　2. 人生哲學

225.87　　102004846

大都會文化 讀者服務卡

書名：**大師的智慧：人間佛語·星雲大師**

謝謝您選擇了這本書！期待您的支持與建議，讓我們能有更多聯繫與互動的機會。

A. 您在何時購得本書：_____年_____月_____日

B. 您在何處購得本書：__________書店，位於__________(市、縣)

C. 您從哪裡得知本書的消息：

1.□書店 2.□報章雜誌 3.□電台活動 4.□網路資訊

5.□書籤宣傳品等 6.□親友介紹 7.□書評 8.□其他

D. 您購買本書的動機：（可複選）

1.□對主題或內容感興趣 2.□工作需要 3.□生活需要

4.□自我進修 5.□內容為流行熱門話題 6.□其他

E. 您最喜歡本書的：（可複選）

1.□內容題材 2.□字體大小 3.□翻譯文筆 4.□封面 5.□編排方式 6.□其他

F. 您認為本書的封面：1.□非常出色 2.□普通 3.□毫不起眼 4.□其他

G. 您認為本書的編排：1.□非常出色 2.□普通 3.□毫不起眼 4.□其他

H. 您通常以哪些方式購書：(可複選)

1.□逛書店 2.□書展 3.□劃撥郵購 4.□團體訂購 5.□網路購書 6.□其他

I. 您希望我們出版哪類書籍：（可複選）

1.□旅遊 2.□流行文化 3.□生活休閒 4.□美容保養 5.□散文小品

6.□科學新知 7.□藝術音樂 8.□致富理財 9.□工商企管 10.□科幻推理

11.□史地類 12.□勵志傳記 13.□電影小說 14.□語言學習（____語）

15.□幽默諧趣 16.□其他

J. 您對本書(系)的建議：

____

K. 您對本出版社的建議：

____

讀者小檔案

姓名：__________ 性別：□男 □女 生日：____年____月____日

年齡：□20歲以下 □21～30歲 □31～40歲 □41～50歲 □51歲以上

職業：1.□學生 2.□軍公教 3.□大眾傳播 4.□服務業 5.□金融業 6.□製造業

7.□資訊業 8.□自由業 9.□家管 10.□退休 11.□其他

學歷：□國小或以下 □國中 □高中／高職 □大學／大專 □研究所以上

通訊地址：______________________________

電話：（H）__________（O）__________ 傳真：__________

行動電話：______________E-Mail：__________________

◎謝謝您購買本書，也歡迎您加入我們的會員，請上大都會文化網站 www.metrobook.com.tw 登錄您的資料。您將不定期收到最新圖書優惠資訊和電子報。

大師的智慧

人間佛語・星雲大師

北區郵政管理局
登記證北台字第9125號
免 貼 郵 票

大都會文化事業有限公司

讀 者 服 務 部 收

11051台北市基隆路一段432號4樓之9

寄回這張服務卡〔免貼郵票〕
您可以：
◎不定期收到最新出版訊息
◎參加各項回饋優惠活動

大旗出版
BANNER PUBLISHING